헬로! 산천어

1권

헬로! 산천어

1권

초판 1쇄 발행 2025. 12. 19.

지은이 유인근
펴낸이 김병호
펴낸곳 주식회사 바른북스

편집진행 김수정
디자인 김민지
마케팅 송송이 박수진 박하연

등록 2019년 4월 3일 제2019-000040호
주소 서울시 성동구 연무장5길 9-16, 606호 (성수동 2가, 블루스톤타워)
대표전화 070-7857-9719 | **경영지원** 02-3409-9719 | **팩스** 070-7610-9820

•바른북스는 여러분의 다양한 아이디어와 원고 투고를 설레는 마음으로 기다리고 있습니다.

이메일 barunbooks21@naver.com | **원고투고** barunbooks21@naver.com
홈페이지 www.barunbooks.com | **공식 블로그** blog.naver.com/barunbooks7
공식 포스트 post.naver.com/barunbooks7 | **페이스북** facebook.com/barunbooks7

ISBN 979-11-7263-718-7 03810

지금은 산천어를
만나볼 시간

헬로! 산천어

1권

유인근
지음

아기 산천어 바비와 아빠 산천어의 여정은
결국 우리 삶의 이야기입니다

고난을 이기고, 사랑을 배우고, 우정을 만나고,
때로는 용기로 결단하며, 마지막엔 서로의 따뜻함으로 다시 일어서는…
바로 우리들 삶의 이야기입니다.

바른북스

프롤로그

산천어 이야기가 시작되는 곳

강원도 화천.

사람보다 산이 많고, 산보다 물이 더 많은 곳.

지도에도 잘 안 나오는 깊은 계곡 끝자락엔, "여긴 와이파이도 안 터져요!"라며 투덜대는 산천어 가족이 살고 있었다.

차고 맑은 물,

산천어 전용 4차선 급류 도로,

그 사이를 반짝이며 미끄러지는 은빛 생명체들.

그들이 바로, "자연산" 산천어다.

(양식이랑 헷갈리지 말 것. 그쪽은 집세 낼 걱정도 없다.)

이 아침, 어린 산천어 바비는 아빠 뒤를 졸졸 따라 헤엄치고 있었다.

"아빠, 우리 이번엔 진짜 꿈을 찾으러 가는 거죠?"

"꿈? 그건 눈으로 보는 게 아니야. 물살로 느끼는 거지."

"네? 그럼 꿈 GPS는 어디서 다운받아요?"

"그런 거 없다, 인마."

아빠 산천어는 '나는 인생 3회전은 해본 물고기야' 하는 표정으로 고개를 끄덕였다.

그의 전설은 이랬다.

"옛날 옛적, 내가 바다 근처까지 갔다 왔지…."

하지만 바비는 속으로 생각했다.

(근처가 어디야… 동네 하수구 아니야?)

물속엔 대화보다 중요한 게 있다.

바로 스토리다.

먹을 건 떨어져도 이야기는 남는다.

산천어 세계에서 "이야기"는 돈, 명예, 구독자 수와 같다.

아빠는 늘 말했다.

"이야기는 물살을 타고 돌고 돈다. 언젠가 다시 돌아오지."

"그럼… 그때 광고도 붙어요?"

"…그건 모르겠다."

바비는 아직 세상 물정 모르는 초보 산천어지만, 하나만은 확실히 알고 있었다.

"이 세상에서 제일 빠른 건 와이파이도 아니고, 물살이다."

그래서 오늘도 그는 물길을 거슬러 오른다.

꿈을 찾아서?

목차

제1화.

마법사의 예언 : 물은 기억한다

그날 밤, 강 위엔 별이 비치지 않았다.

폭우가 쏟아지기 직전의 초록빛 하늘—

마치 누군가가 오래된 기억을 덮으려는 듯, 바람이 심술을 부렸다.

"이상해요, 아빠. 하늘이… 울고 있는 것 같아요."

바비가 잔잔한 물 위로 눈을 맞으며 말했다.

아빠 산천어는 잠시 하늘을 올려다보았다.

"응… 강이 운다. 누군가 오래된 약속을 잊어버린 모양이야."

"약속이요?"

“그래. 물은 약속을 기억하거든.”

그때였다.

물결이 갑자기 잔잔해지고, 계곡 물속에서 안개가 피어나더니, 바닥 깊숙한 곳에서 보석 같은 빛이 천천히 떠올랐다.

“아빠, 저거… 뭐예요?”

“움직이지 마. 저건 물의 정령이야.”

빛은 점점 형태를 갖췄다.

어른 물고기보다 크고, 비늘은 달빛처럼 반짝였다.

그 존재가 입을 열었다.

“산천어의 피를 이어받은 자여… 이 강의 기억이 깨어나고 있다.”

바비는 두 눈을 동그랗게 떴다.

“저… 저한테 말한 거예요?”

정령은 빙긋 웃었다.

“그래, 꼬마야. 너무 겸손해하지 말거라.
네 꼬리에도 별빛이 있으니.”

아빠 산천어가 낮게 물었다.

“기억이라니… 대체 무슨 일이 일어나려는 겁니까?”

정령은 길게 숨을 내쉬었다.

"이 계곡에는 오래전 노래가 있었지.

물고기와 새, 인간과 나무가 함께 부르던 노래. 하지만 인간들이 흐름을 끊고,

강의 기억을 봉인했다."

"그래서… 폭우가 오는 건가요?"

정령은 고개를 끄덕였다.

"기억은 억누를 수 없다. 언젠가 다시 흐르려 할 때, 세상은 요동치는 법이지."

바비가 조심스레 물었다.

"그럼, 저희가 뭘, 어떻게 해야 하죠?"

"흐름을 잊지 마라." 정령의 눈이 반짝였다.

"흐름을 거슬러 오르는 것은 몸의 일. 그러나 흐름을 기억하는 것은 마음의 일이다."

정령이 꼬리를 흔들자, 물결이 하늘로 솟구쳤다.

그 속에서 희미하게 별빛 모양의 조개 하나가 빛났다.

"이건 별조개의 씨앗이다.

이 계곡과 연결된 강이 다시 울 때, 그 빛이 세상을 밝힐 것이다."

정령의 몸이 점점 투명해지기 시작했다.

"기억해라, 산천어의 자손들이여. 사랑은 물처럼 흐르고, 용기는 물살처럼 거슬러 오른다.

그리고… 언젠가 너희 중 하나가, 별빛의 노래를 완성하리라."

순간, 하늘은 갑자기 어두워졌고, 하늘이 찢어지는 천둥이 울렸다.

정령의 빛은 물속으로 스며들었다.

바비가 아빠를 향해 외쳤다.

"아빠, 방금 그거 봤죠? 저 진짜로 들었어요!"

"응. 나도 봤단다."

"그럼 저… 별빛 노래를 완성할 수 있을까요?"

아빠 산천어는 살짝 웃었다.

"글쎄. 그건 숙제겠지. 하지만 꼭 기억하자—

물은 어디로 흐르든, 결국 만나게 돼 있으니까."

그리고 그 순간—

산천어 마을에 첫 빗방울이 떨어졌다.

그건 마치 누군가의 눈물처럼, 조용히 예언의 시작을 알리고 있었다.

“물은 흐름을 잊지 않는다.

그리고 기억은, 언제나 다시 흘러온다.”

제2화.

산천어 마을의 폭우 대참사

폭우가 쏟아지기 전, 산천어 마을은 더없이 평화로웠다.

"자, 다들 오늘은 물살 타기 수업이야!"

아빠 산천어가 호루라기를 불며 외치자, 꼬리 달린 수강생들이 우르르 줄을 섰다.

"선생님, 오늘 간식은 뭐예요? 미꾸라지예요, 물벼룩이에요?"

"조용! 간식은 수업 끝나고—

지금은 물살 훈련!"

그때였다.

갑자기 하늘이 삐그덕 하더니 어두워졌다.

"이상하다, 분명 예보에는 맑음이라고 했는데…."

"산천어 마을 예보는 늘 늦어요!"

루루가 외치며 지느러미를 폈다.

첫 빗방울이 '톡' 하고 떨어졌다.

한 방울, 두 방울, 세 방울….

후두두둑….

"비네~ 좋다~" 하고 꼬리를 흔들던 그 순간—

콰아아아앙!!!

하늘이 열렸다.

마치 누가 수도꼭지를 부러뜨린 듯, 폭포가 마을 전체에 쏟아졌다.

"헐! 산천어 마을에 워터 파크 개장했냐고!"

"이거 무료입장 맞죠?! ㅋㅋ"

하지만 웃음은 잠시뿐이었다.

물살이 순식간에 흙탕물로 바뀌더니,

거대한 바위가 '쿵!' '쿵!' 하며 굴러 내려왔다.

"저거 혹시 산신령이 던진 거 아냐?!"

"아니면 산돼지가 바위 굴러서 미끄러진 거야!"

아빠 산천어의 얼굴이 굳었다.

"얘들아, 이건 진짜다. 숨어!!"

"숨으라뇨! 물속인데요!"

"그럼… 더 깊이 숨어! 어서!!!"

바비는 허둥지둥 지느러미를 휘저었다.

하지만 이미 계곡은 '대홍수 모드 ON'.

아기 산천어들은 꼬리를 흔들며 필사적으로 도망쳤고, 바비는 물살에 휩쓸리며 외쳤다.

"엄마! 나 떠내려가요!!!"

바위가 굴러오고, 나무가 부러지고,

물고기들이 서로 부딪히며 난리통이 났다.

"누가 내 지느러미 밟았어!!"

"아, 죄송해요! 나도 지금 내 꼬리가 어딨는지 모르겠어요!"

그리고 그렇게…

평화롭던 산천어 마을은 단 몇 시간 만에 물 버전 아포칼립스로 변했다.

물살은 미쳐 날뛰었고,

산천어들은 살아남기 위해 현실판 '어항 탈출기'를 찍게 된다.

제3화.

아기 산천어들의 실종

“아빠—!!!”

“바비—!!!”

…그리고 그다음, 3초 동안, 산천어 마을은 완전히 재난 영화 세트장이 됐다.

천둥, 번개, 흙탕물, 회오리까지 풀세트.

그야말로 《산천어 어벤저스 : 폭우의 역습》이었다.

계곡은 이미 물 미끄럼틀로 변했고, 바비와 친구들은 비명과 함께 떠내려가기 시작했다.

“으악! 나 이거 싫어어어!”

“엄마! 나 수영 못 해!”

“너 산천어잖아, 수영 전공이잖아!!”

아빠 산천어는 그 소리를 듣자마자 눈이 뒤집혔다. “내 새끼를 물살 따위에 뺏길 순 없지…!”

그는 그대로 물속으로 “슈퍼 다이빙!!”

거세진 황톳물 속으로 직행했다. 물살은 이미 분노한 초고속 급류였다.

하지만 아빠 산천어는 《물살의 법칙 제1조 : 거꾸로 헤엄칠 때는 근육으로 말한다》를 외치며 버텼다.

“푸하! 어디야, 바비!”

아빠는 눈을 뜨려 했지만, 물이 너무 탁해서, 보이는 건 오직 “뿌연색”뿐이었다.

(정확히 말하면 미숫가루 색이었다.)

그때, 물가 근처 상수리나무에서 줄무늬다람쥐가 외쳤다.

“산천어 형! 거기 아니야! 오른쪽! 오른쪽!”

옆에서 물총새가 소리쳤다.

“아니야! 왼쪽이야! 아니, 잠깐, 내 왼쪽이니까 네 오른쪽!”

“너희들 GPS라도 깔아줘라!!!”

아빠 산천어는 이 난리통 속에서도 외쳤다.

그때 멀리서 둥둥 떠내려가는 바비가 보였다.
아빠는 정신이 번쩍 들었다.
“저거 내 새끼 맞지?! 저 헤엄 못 치는 자세 100% 바비야!!”

그는 미친 듯이 헤엄쳤다.
물살은 산을 통째로 삼키는 수준이었지만,
부성애의 근육은 모든 물리적 법칙을 무시했다.

“조금만 더! 바비 잡았다!! …어? 놓쳤다!! …잡았다!! …놓쳤다!!!”
잡기와 놓치기를 반복하다가,
드디어 폭포가 눈앞에 나타났다.

“어휴… 이건 진짜 영화네.”
아빠는 중얼거렸다.
바비는 이미 기절해서 튜브처럼 떠 있었다.

“폭포다!!!”
그 외침과 함께 그는 전설의 기술을 꺼냈다.
“산천어 낙법 3단 기술 – 폭포 활강 슬라이딩!!!”

물살을 따라 스르르 미끄러지듯,

그는 바비를 품에 안고 폭포 아래로 돌진했다.

"으아아아악!!! 풍덩!!!"

한편, 위에서는 다람쥐와 물총새가 비명을 질렀다.

"산천어 형이 떨어졌다아아!!!"

"아니 근데 진짜 멋있었어!!!"

폭포 아래, 기적처럼 두 산천어가 물 위로 떠올랐다. 하지만 둘 다 반쯤 의식이 나간 상태.

그때 떡갈나무 위에서 떨어진 넓은 잎사귀 하나가 강물 위로 둥둥 떠내려왔다.

아빠는 본능적으로 그걸 붙잡고 바비를 그 위에 눕혔다.

"이게… 자연산 구명보트인가…."

그는 힘겹게 나뭇잎을 붙잡고,

느려진 물살에 몸을 맡겼다.

물 위엔 고요가 찾아왔고, 다람쥐는 작게 중얼거렸다.

"저 산천어 진짜 미쳤다… 근데 멋있다."

물총새가 맞장구쳤다.

"인간 세상 같았으면 지금 이미 《화천의 기적》으로 뉴스 떴다."

아빠 산천어는 눈을 감으며 속삭였다.

"오늘은… 진짜 물살이 나보다 빨랐다…."

그리고 둘은 그렇게,

물살을 따라 알 수 없는 곳으로 떠내려갔다.

제4화.

초록강 하구.
우리는 크루즈 타고 왔습니다

떡갈나무 잎 한 장.
그 위에 산천어 부자가 누워 있었다.

멀리서 보면…
누가 봐도 구조 요청 3초 전, 조난 현장이었지만,
아빠 산천어는 그렇게 생각하지 않았다.

"흠. 바람 맞으며 강 따라 유람이라… 이 정도면 크루즈지."
아빠 산천어는 자기합리화의 달인이었다.

물론, 떡갈나무 잎을 줄무늬다람쥐랑 물총새가 띄워줬다는 사실도 모르고 있었다.

아빠 산천어는 그저 마음속으로 중얼거렸다.

“이 나뭇잎 하나에도 감사함을 느끼는 나… 인성 갑이야.”

그때, 옆에서 통나무 하나가 둥둥 떠내려왔다.

묵직하고, 반쯤 물에 잠긴 모습이 꼭 ‘사우나에서 반신욕 중인 고급 힐링객’ 같았다.

“오, 저 녀석 좀 괜찮은데?”

아빠 산천어는 살금살금 떡갈잎을 그 옆에 붙였다.

“흐흐, 이 정도면 일등석 업그레이드지.”

그 아래는 그늘까지 져 있었다.

햇빛도 가리고, 천적도 피하고, 약간은 럭셔리했다.

물론 ‘럭셔리’라기보단 그냥 ‘살아 있음’이었다.

바비는 여전히 말이 없었다.

꼼짝도 하지 않고 누워 있었다.

아빠는 바비를 보며 중얼거렸다.

“그래, 무사해서 다행이다…. 아니 근데 이 녀석 너무 조용한데?”

바비는 사실 기절한 게 아니라 '저세상 피로 누적 모드'였다.

폭우 + 소용돌이 + 폭포 낙하 = 체력 게이지 0%.

아빠는 그 사실을 모르고 감동받았다.

"하… 우리 아들, 세상 다 잊고 잠도 잘 자네. 역시 내 아들이야. 멘탈 강철이야."

잠시 후, 아빠도 꾸벅꾸벅

졸기 시작했다.

"흐어어억… 흐르르르…"

둘 다 나뭇잎 위에서 나란히 쌔근쌔근….

그 모습은 마치,

'물속판 《겨울왕국》'의 자매처럼 평화로웠다.

(물론 비주얼은 생선회 전단지에 가깝지만.)

얼마나 잤을까.

눈을 떠보니 햇살이 눈을 찔렀다.

"으윽, 눈부셔라… 여긴 어디지,

누가 있나…?"

그는 반쯤 정신이 나간 상태로 바비의 숨소리를 확인했다.

"쌔근… 쌔근…"

살아 있었다.

그 순간, 아빠는 울었다.

그것도 아주 추하게. 물고기 버전 ‘워터 쇼’였다.

눈물인지 바닷물인지 구분이 안 됐다.

“바비야… 우리가… 살아남았어….”

그는 마치 SBS 다큐멘터리 내레이션처럼 속삭였다.

주위를 둘러보니 낯선 모래섬이었다.

물은 계곡보다 훨씬 넓고, 어딘가 미심쩍게 뿌옜다.

“음… 이건 뭐지. 된장국인가.”

그때, 물살 어딘가에서 찰싹—!

무언가 꼬리를 스쳤다.

아빠는 본능적으로 중얼거렸다.

“여긴… 뭔가 있다.”

그 ‘뭔가’는 정확히 모르겠지만, ‘나보다 덩치 큰 무언가’라는 건 확실했다.

그래도 일단은 쉬어야 했다.

살아 있는 것만으로도, 이미 하루치 기운을 다 쓴 기분이었다.

아빠 산천어는 몇 시간 동안 헤맨 끝에, 풀숲 아래 은신처를 찾았다.

별로 마음에 들진 않았다. 딱 봐도 '모기 2만 마리 거주 중'이었다.

하지만 그는 말했다.

"여기야. 우리 가족 호텔 오픈."

밤이 되자 온몸이 욱신거렸다.

아빠는 그 와중에도 정신력으로 버텼다.

"이건 피곤이 아니야.
생존의 흔적이지."

바비는 여전히 잠에 빠져 있었다.

아빠는 바비의 등을 살짝 어루만져 주며 속삭였다.

"잘 자라, 내 새끼… 내일도 '조난 크루즈'는 계속된다."

그리고 그날 밤,
초록강 하류에선 아주 평화로운 코믹 명장면이 펼쳐졌다.
떡갈나무 잎새 위, 두 마리 생선이 코를 골며 자는 장면.
달빛은 그 위로 반짝였다. 그리고 멀리서 들려오는 소리—

"두둥… 다음 편 예고 : 바다 출몰, 그리고… 이상한 손님들."

제5화.

초록강의 물고기를 만나다

눈두 제대로 못 뜬 채,

거센 물살에 실려 온 두 생선 부자.

떡갈나무 잎 크루즈에서 눈을 뜬 그곳은,

지구 어딘가의 신비한 수중 세계— 초록강이었다.

물빛이 이상했다.

계곡의 투명한 유리빛이 아니라,

뭔가 '시금치 스무디' 같은 색이었다.

그들을 제일 먼저 발견한 건 누치였다.

초록강 최고의 호기심 대장 – 별명은 '못 참는 누치', 줄여서 '못누'.

"야야야, 저기 좀 봐! 저 무지개 줄무늬 봤어?"
"어디 어디?"
"우와, 몸에 펄까지 있어! 완전, 인스타 각인데?"

순식간에 붕어, 잉어, 강준치가 몰려왔다.
초록강의 '동물의 왕국, 시청자 모드' 돌입.

"근데 송어 갈기도 하고…."
"응, 근데 저 무늬는 좀… 연예인 같지 않아?"
"약간 아이돌 물고기 느낌이 나는데?"

누치는 눈을 반짝였다.
"얘네, 외계에서 온 거 아닐까? '송어 행성' 뭐 그런 데서."

그러던 중,
물 위에서 아빠 산천어가 '끙—' 하며 깨어났다.
"깜짝이야… 세상에, 이게 다 뭐야? 꿈인가? 방송 촬영 중인가?"
그의 눈앞엔 물고기 30마리 정도가 '스포트라이트 모드'로 빙

둘러서 있었다.

“안녕! 놀랐지? 우리는 초록강 물고기야!”
새끼 잉어가 수줍게 말했다.
“맞아! 근데… 너희 진짜 특이하게 생겼다! 그 줄무늬… 완전 반짝이잖아!”

“여기가, 초록강이라고?”
아빠 산천어는 잠시 멍했다.
“여기, 계곡이 아니야?”

누치가 뿌듯하게 턱을 들었다.
“계곡이라니~ 거긴 약간 시골이지. 여긴 도시야.
초록강은 말이지… 약간, 물고기들의 서울 같은 곳이야.”

“서울…?”
아빠 산천어는 왠지 불길한 느낌이 들었다.

그때 누치가 킁킁대더니,
순식간에 코(지느러미 근처)를 바짝 들이댔다.

“잠깐만… 냄새가 좀 다른데?”

"이거… 계곡 향 아니야?"

"맞아! 이끼랑 바위 냄새!

와… 이거 거의 '프레시 산 내음' 향수 수준이야!"

초록강의 물고기들은 처음 맡아보는 향에,

순식간에 '멍'해졌다.

"얘들아… 우리 초록강에서 이런 냄새 맡아본 적 있냐?"

"없어! 여긴… 약간 탁한 냄새밖에 안 나잖아…."

그 순간, 초록강은 잠시 정적에 휩싸였다.

'계곡 냄새 나는 이방인'. 산천어 부자는 존재 그 자체로 신비로움이었다.

그때, 뒤에서 작게 목소리가 들렸다.

"여… 여긴 어디야…? 아빠…."

아기 산천어 바비가 눈을 비비며 일어났다.

"바비야! 깨어났어? 괜찮아?"

아빠 산천어는 바비를 부둥켜안았다.

누치는 바비에게 다가가 미소 지었다.

"안녕, 꼬마야. 많이 놀랐지? 우린 나쁜 애들 아니야. 도와주려고 온 거야."

하지만 바비는 누치를 보자마자
그대로 '아빠 뒤로 다이빙'.
"으악! 괴물 물고기다!"
"야, 괴물이라니! 나 초록강 미남 3위야!"

짧은 정적.

그리고 터진 웃음.
누치가 슬쩍 말했다.
"괜찮아. 겁 많을 때가 제일 귀여워."

강준치가 거들었다.
"우린 원래 처음 보는 애 보면 호기심 폭발이야.
약간 신문 기자 기질이 있다고 해야 하나?"

아빠 산천어는 잠시 망설이다 입을 열었다.
"사실… 우린 아주 먼 곳에서 왔어. 산을 넘고, 폭포를 지나,
계곡을 따라 흐르던… 산천어 마을에서…."

순식간에 물속이 조용해졌다.
누치가 눈을 동그랗게 뜨며 말했다.
"산천어 마을이라니… 진짜 그런 곳이 있어?"

"응. 근데 그곳에 폭우가 쏟아져서… 우린 폭우에 떠밀려 왔어."

그 말을 듣자 붕어들이 웅성거렸다.
"산천어 마을… 꼭 동화에 나오는 곳 같다."
"거기는 어떤 곳이야? 물은 맑아?"

아빠는 미소 지었다.
"맑음 그 자체지. 하지만 지금은… 그리움으로 남았어."

그때, 누치가 급히 주변을 살폈다.
"얘들아, 그 감동은 나중에! 여긴 초록강 깡패 구역이야!"

"깡패?"
"응, 입 큰 붕어들이랑 잉어 형님들 말이야.
이 동네 짬밥 서열 1~3위야. 우리도 눈 마주치면 끝장!"

아빠 산천어가 움찔했다.
"그럼… 우린 어쩌지?"

누치는 빙긋 웃었다.
"걱정 마. 내가 케어할게.
여긴 위험하니까— 이제부터 우리, 진짜 친구다."

그 말에 바비가 조심스럽게 물었다.

“진짜… 친구?”

누치는 씩 웃으며 손(지느러미)을 내밀었다.

“그래. 초록강 첫 외계어(?) 친구.”

그리고 그날,

초록강에선 이상한 소문이 퍼지기 시작했다.

“계곡 냄새 나는 물고기 두 마리가 나타났대!”

“무지개 줄무늬? 진짜면 그건 거의… 물고기판 BTS 아냐?”

제6화.

초록강 깡패 붕어들과 첫 대면

초록강의 한복판.
누치 일행과 산천어 부자는 몰래
수초 숲 사이로 숨어들었다.

"후우… 이제 좀 살 것 같다."
아빠 산천어가 숨을 몰아쉬었다.
하지만 누치는 여전히 초긴장 상태였다.
"쉿! 아직 몰라. 이 구역은 붕어 형님들이 순찰 도는 구역이야."

"붕어 형님?"
바비가 눈을 동그랗게 떴다.

"붕어도 형님이 있어?"

누치가 낮게 속삭였다.

"응. 그냥 붕어가 아냐.

여기선 그들을… '깡붕패(깡패 붕어 패밀리)' 라고 부르지."

그때였다.

물살이 갑자기 흔들리며 어두운 그림자가 드리웠다.

거대한 붕어 두 마리가 느릿하게 다가왔다.

앞쪽 붕어는 입이 트럭 문처럼 크고, 뒤쪽 붕어는 온몸에 상처 자국이 새겨져 있었다.

"거어기이~ 누가 초록강 3구역에 무단 침입했냐?"

입 큰 붕어가 입을 벌리자, 물살이 흔들리며 작은 물고기들은 다 뒤로 밀려났다.

누치가 바비 쪽으로 손짓했다.

"야, 말하지 마. 조용히 해. 얘들 기분 나쁘면 바로 삼켜!"

그런데 그때— 바비가 작게 재채기를 했다.

"에… 에취!"

순간, 물속이 얼음장처럼 정적에 잠겼다.

붕어 깡패들이 동시에 눈을 번쩍 뜨더니, "방금… 뭔 소리가 났냐?"

누치가 식은땀을 흘리며 버벅거렸다.

"아, 아뇨 형님! 그건 물방울 소리예요, 물방울! 아주 순한 버블음이죠~"

하지만 붕어 한 마리가 눈을 가늘게 뜨며 말했다.

"버블음치고는… 귀엽던데?"

그리고 바로 그때, 바비의 코끝에서 또 터졌다.

"에취!!!" 순간, 깡붕패의 입이 동시에 벌어졌다.

"어떤 놈들이냐?! 감히 남에 나와바리에 몰래 숨어들어 와서 재채기를 해?!"

"도망쳐!!"

누치가 외쳤다.

물살이 찢어지듯 터졌다.

초록강 사상 최단 거리 추격전이 시작됐다.

앞장선 누치가 소리쳤다.

"왼쪽으로! 아니, 오른쪽!! 아 몰라, 아무 데나 가!!"

바비는 아빠 지느러미에 매달린 채 정신없이 흔들렸다.
"아빠, 우리 죽는 거야?!"
"아니야, 여행이야!"
"그럼 이건 수영 아니고 생존이야!"

붕어 깡패들이 뒤에서 외쳤다.
"거기 서라! 초록강 출입증 검사 안 했잖아!!"

물풀 사이를 뚫고 달리던 그때, 강준치가 외쳤다.
"이쪽이야!! 개구리 굴로 들어가!"

좁은 수초 틈,
누치와 붕어 깡패가 동시에 박치기!
"으악!! 내 코!!"
"여긴 내 구역이야, 임마!!"

물살이 요동쳤다.
바비는 가까스로 개구리 굴 안으로 미끄러지듯 들어갔다.
뒤이어 아빠 산천어가 쑥 들어오며 누치를 낚아챘다.

그리고 그 순간, 굴 입구를 가로막으며 개구리 한 마리가 느긋하게 말했다.

"여~ 여긴 좁은데, 누가 내 집을 사전 예약도 없이 발을 디디냐?"

붕어 깡패들이 물 밖에서 들이대며 소리쳤다.

"야! 안에 누구냐! 그 생선들 내놔라!!"

개구리가 입을 쭉 내밀며 말했다.

"아니, 이 동네 이제 생선이 문 두드리고 들어오냐? 입장료는 냉수 한 잔인데?"

바비가 속삭였다.

"아빠… 우리 이제 잡히는 거야?"

아빠 산천어가 미소 지었다.

"아니, 아마… 우리가 새로운 친구를 만난 것 같아."

개구리가 눈을 찡긋했다.

"흥미롭군. 이 이상한 생선들… 냄새가 좋아. 맑고 시원해. 초록강 냄새가 아니야.

그래, 재밌겠는걸?"

그날 밤, 초록강의 비밀 굴속에서,

산천어 부자와 개구리 그리고 누치는 새로운 동맹을 맺게 된다.

"이제부터 넌 내 굴식구야."

— 초록강 개구리, 일명 '굴 사장'

초록강의 물살이 잠잠해지고, 달빛이 비치던 그 밤. 바비는 작게 중얼거렸다.

"아빠, 초록강엔… 참 이상한 친구들이 많이 사는 것 같아요."

"응, 인생이 다 그렇단다. 이상하면 오래가."

제7화.

개구리 굴 사장의 생존 수업

개구리 굴속.

바깥의 초록강은 여전히 소란스러웠다.

깡붕패가 물 위를 휘젓고 다니며 소리쳤다.

"찾아!! 그 반짝이 생선 놈들 어딨어!!"

"냄새로 추적해! 이끼 냄새야!"

하지만 그 소리도 굴 안으로 들어오진 못했다.

왜냐면, 이곳은 초록강에서도 전설의 은신처, 그 이름도 유명한 '굴 사장 스위트홈'이었기 때문이다.

"후우, 이제 좀 살겠군."

아빠 산천어가 안도의 숨을 내쉬었다.

바비는 처음 보는 개구리의 집을 두리번거렸다.

"우와~ 이거 진짜 집이에요?"

벽은 진흙, 천장은 버드나무 뿌리.

심지어 바닥에는 조개껍데기로 만든 식탁까지 있었다.

굴 사장이 턱을 괴고 말했다.

"응, 여긴 나의 왕국이지. 이름은 '개굴 하우스'. 초록강의 유일한 24시간 무이자 피난처."

"근데 넌 누구냐? 처음보 는 비주얼인데?"

"저… 바비라고 해요. 저희는 산천어예요."

"산천어?" 굴 사장이 고개를 갸웃했다.

"그게… 먹는 건가?"

"아니요!!!"

바비가 화들짝 뒤로 물러났다.

굴 사장이 깔깔 웃었다.

"농담이다, 이 순진한 꼬마야. 자, 긴 얘기 전에 이곳의 규칙부터 알려주지."

1. 굴 사장의 생존 수업 1교시 :
"초록강에서 오래 살고 싶다면, 튀지 말 것."

굴 사장이 손가락(아니, 앞다리)을 치켜들었다.

"여기선 반짝이는 비늘? 생존의 적이다. 너희 저 무지개색 줄무늬? 딱 눈에 띄는 수준이지."

"그럼 어떡하죠?"

"간단하지. 덮어버리면 돼."

이번엔 옆에 있던 진흙을 퍼서 바비의 등 위에 슥슥 발랐다.

"으악! 차가워요!"

"그게 생명의 온도다, 꼬맹이."

2. 굴 사장의 생존 수업 2교시 :
"먹을 건 운이 아니라 센스다."

이어서 조개껍데기 그릇을 툭 내밀었다.

그 안엔 초록빛 이끼, 돌 틈 벌레, 이상하게 생긴 달팽이 알이 있었다.

"자, 오늘의 식사."

"이걸… 먹으라고요?"

"응. 여기선 맛보다 가성비지."

"가성비? 그게 뭐예요?" 바비가 물었다.

"응 그건, 가격에 비해 성능이 좋다는 뜻인데… 넌, 아직 어려서 잘 모르겠구나. 암튼 그런 게 있어."

아빠 산천어는 조개껍데기 위에 놓여진 음식을 씁쓸하게 한 입 베어 물었다.

"…음, 나쁘진 않군."

바비는 고개를 절레절레.

"저는 고향에서 냉수 곤충만 먹었는데…."

"그건 고급 생선 취향이지. 초록강은 리얼 생존 코스야."

3. 굴 사장의 생존 수업 3교시 :

"적보다 빠른 건 필요 없어. 대신 웃겨라."

"웃기라고… 요?"

"그래, 여긴 깡패들 세상이다.

싸우면 지고, 웃기면 산다."

굴 사장이 코를 씰룩이며 시범을 보였다.

"봐라—"

그는 입을 크게 벌리더니,

붕어 흉내를 내기 시작했다.

“야~ 거기 꼬리 긴 놈!! 출입증 있어??”
“없는데요!”
“그럼 나도 몰라~”

그 모습에 누치와 바비가 동시에 터졌다.
“푸하하하하!!!”
“진짜 붕어 같아요!”
굴 사장이 윙크했다.
“살고 싶으면, 웃음을 먼저 던져라. 그게 초록강식 생존법 제3조다.”

밤이 깊어지자, 개굴 하우스에 평화가 찾아왔다.
바비는 조용히 아빠 곁에 다가와 속삭였다.
“아빠, 저 개구리 아저씨… 좀 이상하지만, 멋있어요.”
“응, 세상엔 저런 친구들이 많단다.
이상하게 생긴 영웅들 말이지.”

굴 사장이 벽 뒤에서 중얼거렸다.
“다 들린다, 꼬맹이. 그리고 맞다—
난 영웅이다. 초록강의 ‘굴 사장 영웅’.”

그날 밤, 초록강의 달빛은 유난히 반짝였다.

새로운 물살이 천천히 흐르며 이야기 하나를 속삭였다.

"물은 기억한다.

그리고 오늘, 초록강은 새로운 이야기를 품었다."

제8화.

붕어 깡패들의 복수전

초록강의 한쪽 구석, 해가 잘 닿지 않는 탁한 수초밭.

그곳은 소문난 무법지대였다.

강바닥의 모든 먹이와 통행로를 장악한 일명 '깡붕파' — 붕어 깡패들의 왕국이었다.

그 중심엔 대장 붕어, '붕깡두'가 있었다.

등에는 오래된 상처 자국이, 지느러미에는 금색 반지가 반짝였다.

그는 과거, 금붕어 어항을 탈출한 전설의 붕어였다.

"형님, 큰일 났습니다!"

부하 붕어 하나가 허둥지둥 헤엄쳐 들어왔다.

"그 반짝이는 신참들 있잖습니까? 그놈들, 아직도 못 찾았습니다!"

붕깡누가 눈을 번쩍 떴다.

"뭐어어?! 그 무지개 줄무늬 생선 말이냐? 통행료는 냈겠지?"

"아직… 안 냈습니다."

순간, 붕깡두의 입이 천천히 찢어지듯 벌어졌다. 그 미소는 싸늘했다.

"통행료를 안 내고 초록강엘 입장해? 이건 전쟁이야!"

그 시각, 초록강 반대편의 개굴 하우스.

진흙집 안에서는 조용한 점심시간이 한창이었다.

굴 사장은 나뭇잎 신문을 들고 투덜거렸다.

"요즘 세상 참 무서워졌어. 붕깡두가 또 세금 올렸다지 뭐야."

"세금이요?"

아빠 산천어가 놀라 눈을 동그랗게 떴다.

"그럼~ 통행료, 먹이료, 숨쉬기료까지 있어.

심지어 '눈 마주치기료'도 있지."

"눈… 마주치기료요?"

바비가 어리둥절하게 물었다.

"응. 그래서 난 눈을 항상 감고 다닌다. 괜한 벌금 물을까 봐."

바로 그때,

바깥에서 '쿵쿵쿵!'

진흙집이 울릴 만큼 묵직한 소리가 들려왔다.

"굴 사장! 나와라!"

굴 사장이 귀를 쫑긋 세웠다.

"누구야! 지금 점심시간인데!"

문밖에서 상대방이 외쳤다.

"깡붕파다!!"

굴 사장이 진흙 문을 열자,

수면 위엔 붕깡두와 부하 20여 마리가 어슬렁거리고 있었다.

등지느러미에 문신, 눈썹 아래 흉터.

딱 봐도 '물속 조폭들'이었다.

"여기 반짝이는 생선 두 마리 숨겼지?"

붕깡두의 목소리가 물살을 울렸다.

"무, 무슨 말씀입니까. 저는 숙박업만 합니다만…."

"모르는 척하지 마! 냄새로 다 알아! 계곡물 향기, 이끼 냄새!

그놈들 여기 숨겨놨지?!"

굴 사장은 식은땀을 흘렸다.
"아이고, 이거 큰일이네… 저놈들 후각은 진짜 개보다 낫다니까."

아빠 산천어는 바비를 품 안에 감췄다.
"바비, 절대 소리 내면 안 돼."
"응…."

그 순간, 부하 붕어 하나가 굴 안으로 코를 들이밀었다.
"킁킁… 형님! 여기 맞습니다! 이끼향 200%!!"
"좋아. 그럼 굴을 통째로 들어 올려라!"
붕깡두가 명령했다.

"안 되겠다." 굴 사장이 조용히 입꼬리를 올렸다.
"이럴 땐… 개구리표 특수 작전이 있지."
그는 재빨리 벽 쪽으로 헤엄쳐 가서 진흙 벽을 '톡'— 건드렸다.
순간, '지잉—' 하는 소리와 함께 비상 배수로가 열렸다.

"꽈당!!!"
굉음을 내며 거대한 물살이 터져 나왔다.
깡붕파는 순식간에 휩쓸려 갔다.

“으아아악!! 내 지느러미!!”

“형님, 제 꼬리 잡아요!”

“이 배신자 개구리이이이!!!”

소용돌이 같은 물살이 그들을 강 하류 끝까지 밀어냈다.

초록강 전체가 잠시 폭소를 터뜨렸다.

잠시 후, 고요.

진흙 벽 너머로 들려오는 굴 사장의 헐떡임.

“휴우… 자, 이게 바로 생존 수업 4교시야.”

“4교시요?”

바비가 눈을 동그랗게 떴다.

“그래. ‘싸움은 피하되, 물살을 이용하라’. 이게 초록강의 법칙이지.”

“와… 굴 사장님, 진짜 멋져요!”

“그래, 꼬맹이. 나 멋지지? 그러니까 숙박비는 반값만 받겠다.”

“숙박비요?!”

“하하하! 세상에 공짜는 없거든.”

아빠 산천어는 피식 웃으며 말했다.

“이 녀석, 장사도 잘하네.”

초록강의 물살은 또 하나의 이야기를 품었다.

겁 많던 산천어 부자에게 처음 찾아온 '동료'의 기운, 그리고 초록강의 첫 번째 웃음소리.

"물은 기억한다. 오늘의 용기도, 내일의 유머도."

제9화.

누치가 안내한 안전한 거처

초록강의 물살이 한층 잔잔해진 오후.

바비와 아빠 산천어는 개굴 하우스를 떠나 조심스럽게 물길을 따라 내려가고 있었다.

"아빠, 이제 괜찮겠죠?"

"글쎄… 붕깡두 녀석들이 다시 올라올지도 몰라."

아빠의 말이 끝나자마자—

"쉬잇."

어디선가 낮고 차가운 목소리가 들려왔다.

수초 사이에서 번뜩인 눈빛.
"여긴 외부자 출입 금지 구역이야."

바비는 깜짝 놀라 뒤로 물러났다.

그 눈빛의 주인은, 길고 날렵한 몸매에 은빛 비늘을 가진 누치였다.

"누치?"

아빠 산천어가 먼저 반겼다.

"어디 갔다 이제 왔어요? 기다렸는데?"

바비도 누치에게 가까이 다가갔다.

"잠깐 동생 좀 보고 왔지. 아, 깡붕파, 그놈들, 강 하류에서 수영 연습 중이야."

초록강은 여전히 어딘가 불안했다.

깡붕파의 소란이 사라졌지만, 강의 공기는 아직 긴장감으로 팽팽했다.

그때, 누치가 불쑥 말했다.

"나를 따라와. 안전한 곳이 있어."

아빠 산천어는 고개를 저었다.

"누치야, 우리 때문에 너까지 위험해질 수도 있어."

"위험은 원래 강에 사는 자의 기본 옵션이에요."

누치가 시원하게 웃었다.

"게다가 난 초록강의 정보통이지.

어디가 안전하고 어디가 함정인지, 나보다 잘 아는 물고긴 없다고."

바비가 그 말에 반짝 웃었다.

"그럼… 형, 우리랑 같이 가요! 어제처럼 나쁜 물고기들이 또 오면 어떡해요?"

아빠 산천어는 한숨을 쉬더니 미소 지었다.

"그래, 함께 가자. 이젠 혼자보다 함께가 낫겠지."

누치는 꼬리를 살짝 휘저으며 속삭였다.

"좋아, 따라와. 강줄기가 둘로 갈라지는 지점이 있어.

한쪽은 인간들이 공사 중이라 흙탕물이 자욱하지만,

다른 한쪽은 깊은 수초 숲속으로 이어진 비밀 통로야. 거기면 안전하지."

그는 능숙하게 수초 사이를 헤집으며 길을 열었다.

"이쪽이야. 머리 숙여, 머리!"

바비는 머리를 숙였다가 물풀에 머리카락(?)이 걸렸다.

"아야, 내… 지느러미 머리카락!"

“하하하, 초록강 초보티 팍팍 나네.” 누치가 웃으며 손짓했다.

잠시 뒤, 어둠 같은 물살이 그들 앞을 막아섰다.

“쉿, 숨어.”

누치가 바위틈으로 재빨리 몸을 숨겼다.

깡붕파 잔당 세 마리가 뱅글뱅글 돌며 중얼거렸다.

“형님이 분명 이 근처라 그랬는데….”

“냄새도 안 나는데요?”

“입 다물어. 냄새 맡는 데엔 내 코가 최고야.”

그러나 그 순간, 누치가 물살을 살짝 툭— 시자

진흙 구름이 피어올라 그들의 시야를 완전히 덮었다.

“으악! 눈에 흙 들어갔어!”

그 틈에 세 마리의 꼬리는 이미 멀리 사라지고 있었다.

한참을 지나자, 깊은 수초 숲 너머에 작은 연못 같은 공간이 모습을 드러냈다.

햇살이 물결 위에서 반짝이며 별처럼 흩어졌고,

작은 새우와 물벌레들이 유유히 지나다녔다.

"여기야." 누치가 말했다.
"이 안쪽은 물살이 막혀서 조용하고, 인간의 발길도 닿지 않아. 며칠은 편히 쉴 수 있을 거야."

아빠 산천어는 안도의 한숨을 내쉬었다.
"정말 고맙다, 누치야. 덕분에 편히 쉴 수 있을 것 같아."
"됐어, 친구끼리 당연한 일이지."
누치가 씩 웃었다.

제10화.

수초 아래의 비밀도시

누치는 말없이 강바닥으로 내려갔다.

그가 지느러미로 수초 한 줄기를 스윽— 밀자, 갑자기 수초들이 양옆으로 갈라졌다.

빛이 새어 나왔다.

“어서 들어와. 밖은 위험하니까.”

바비와 아빠는 서로를 바라보다가 소심스레 따리 들어갔다.

그 순간, 눈앞에 펼쳐진 풍경에 입이 쩍 벌어졌다.

그곳은 완전히 다른 세상이었다.

해초 불이 반짝이며 도시 전체를 비추고, 새우들이 리어카를 끌며 소금 알갱이를 팔고 있었다.

물풀 옷 가게, 조개 카페, 달팽이 우체국까지.

"와아아…."

바비의 눈이 별처럼 반짝였다.

"이게… 초록강 속이라고요?"

누치가 으쓱하며 대답했다.

"이름하여 수초도시 유토피아. 초록강의 숨은 심장이지."

"누가 이런 데를 만든 거예요?"

"우리 모두야. 붕깡두 같은 깡패들이 설치기 시작했을 때, 조용히 피난 온 생선들이 모여 만든 도시야."

아빠 산천어가 물었다.

"그럼, 넌 이 도시의…?"

누치가 배를 두드리며 웃었다.

"사장님이죠. 물풀 사장 대표, 누치 사장님."

그 말이 끝나자,

주변 물고기들이 일제히 인사했다.

"사장님, 오늘 미역 재고 다 팔렸습니다!"

"새우 배송 완료했습니다!"

"오케이, 오케이. 다들 열심히들 하네."

바비가 눈을 동그랗게 떴다.

"사장님이라니… 진짜 멋져요!"

누치는 쿨하게 고개를 끄덕였다.

"그래, 꼬맹이. 세상은 강물처럼 흘러가는 법이야. 가만히 있으면 썩는 거고."

그러던 중, 도시 중앙에 있는 거대한 조개 문이 '드르륵—' 열렸다.

그 안에서 푸른 빛이 물결처럼 번져 나왔다.

"저건 뭐예요?"

바비가 속삭였다.

누치의 얼굴이 잠시 진지해졌다.

"그건 물빛 제단이야. 오래전, 초록강의 생명을 지켜주던 마법의 제단이지."

"마법이요?"

"그래. 이 강의 노래를 불러주는 곳이었지. 그런데…."

누치는 잠시 침묵했다.

"어느 날, 누군가 그 노래를 멈추게 했어.

그때부터 강의 물빛이 흐려졌지."

아빠 산천어는 천천히 말했다.

"…그럼, 우리가 그 노래를 되찾을 수는 없을까?"

누치의 눈빛이 반짝였다.

"글쎄. 그건 누군가, 마법이 깃든 자가 해낼지도 모르죠."

"마법이요?!"

바비가 물었다.

"어쩌면 바비, 너같이 눈 맑은 물고기가 해낼 수도 있어!"

"네? 저 같은 물고기요? 왜 하필 저예요?"

"네 눈 속에… 반짝이는 별빛이 있거든."

누치가 장난스럽게 웃었지만, 그 말 속엔 묘한 울림이 있었다.

그때였다.

"사장님! 큰일입니다!"

부하 하나가 숨을 헐떡이며 달려왔다.

"깡붕파 잔당들이 상류에서 다시 올라오고 있어요! 복수 준비 중입니다!"

누치가 이마를 짚었다.

"이놈들, 물살에 휩쓸리고도 정신을 못 차렸군."

그는 바비를 바라보며 말했다.

"꼬맹이, 겁내지 마. 이번엔 우리가 강을 지킬 차례야."

바비는 작게 고개를 끄덕였다.

"저도… 도와드릴게요."

누치가 미소 지었다.

"좋아. 그럼 첫 번째 임무다."

"무, 무슨 임무요?"

"겁내지 말기. 그게 제일 어려운 전투거든."

초록강의 깊은 곳,

아무도 몰랐던 수초도시 유토피아가 그 모습을 드러냈다.

그리고 그 안에서, 바비는 처음으로

'도망치는 대신, 지켜야 할 무언가'를 배웠다.

"물은 기억한다.

오늘의 두려움이 내일의 용기가 되는 순간을."

제11화.

물빛 제단의 노래

초록강의 새벽.

햇살이 수면 위를 간지럽히며 번져나갈 때, 수초도시 유토피아는 조용히 숨을 죽이고 있었다.

바비는 잠에서 깨어나, 아직 졸린 눈으로 제단 쪽을 바라보았다.

푸른빛이 미세하게 깜빡이고 있었다.

“저기… 어제보다 빛이 세졌어요.”

누치가 고개를 끄덕였다.

“그래. 제단이 반응하고 있어.”

아빠 산천어는 긴장된 얼굴로 물었다.
"그럼, 제단이 깨어난다는 뜻인가?"

누치의 지느러미가 미세하게 떨렸다.
"아마도. 하지만 제난은 아무나 부를 수 있는 게 아니야.
오직… 선택받은 물고기만이 그 노래를 깨울 수 있지."

바비가 눈을 껌뻑였다.
"선택받은 물고기요? 그게 누군데요?"
누치가 미소를 지었다.
"그건 제단만이 알고 있겠지."

그날 오후, 바비는 혼자 제단 앞에 섰다.
조개껍질로 된 문양 사이로 푸른 빛이 서서히 커지고 있었다.
마치 누군가가 속삭이는 듯한 물결의 진동—

"노래를… 불러라."
바비는 깜짝 놀라 두리번거렸다.
"누, 누구세요?"
그러나 대답은 없었다.
대신, 제단 위의 조개가 천천히 열리며 작은 진주를 내보였다.

바비의 가슴이 두근거렸다.
그 순간, 어린 시절 들었던 엄마의 자장가가 떠올랐다.
맑고, 따뜻하고, 물결처럼 흐르던 그 노래.
바비는 천천히 입을 열었다.

"라— 라라— 라… 물빛은 기억해…."

그 노래가 강을 울렸다.
수초들이 흔들리고, 물살이 춤을 추듯 일렁였다.
그리고 제단의 진주는 더욱 밝게 빛났다.

그런데 동시에, 강 저편에서 요란한 소리가 터져 나왔다.
"형님, 저 빛 보이십니까?!"
"보이지. 그게 바로 복수의 신호야."
붕깡두의 눈이 번쩍였다.

"놈들이 내 구역에서 제단을 건드려? 그건 초록강의 법을 어기는 거야!
준비해라, 깡붕파 전원 집합이다!"

물살이 들끓었다.
붕깡두의 부하들이 잉어 방패를 들고, 물풀 투구를 쓰고 행진

하기 시작했다.

그들의 꼬리 짓이 파도를 만들어 도시 쪽으로 몰려왔다.

그때, 수초도시 입구에서 들려온 익숙한 목소리.

"아직도 싸움질이냐! 너희 붕어들은 정신이 없어!"

바비가 고개를 돌리자, 진흙 투구를 쓴 굴 사장이 서 있었다.

"굴 사장님?!"

"하하, 꼬맹이! 나 개구리잖아? 항상 위험한 냄새엔 코가 먼저 반응하지!"

누치가 미소 지었다.

"도와주러 온 건가?"

"아니, 객실료 받으러 왔지."

"…."

그러나 굴 사장은 슬쩍 윙크했다.

"그리고… 조금은 싸워볼 생각도 있지."

깡붕파가 들이닥쳤다.

"저놈이다! 반짝이는 줄무늬!"

"물러서지 마라!"

누치 형제와 굴 사장이 동시에 외쳤다.

“제1방어선! 수초 장벽 가동!”

수초들이 일제히 펴지며 벽처럼 서서 깡붕파의 돌진을 막았다.

바비는 제단 앞에서 노래를 멈추지 않았다.

“물빛은 기억해… 생명의 노래를….”

그 목소리가 퍼질수록 강물은 더 푸르게 변했다.

붕깡두가 이를 악물었다.

“멈춰!! 저 노래를 멈춰!!!”

하지만 이미 늦었다.

푸른빛이 번개처럼 번지며 강 전체를 감쌌다.

빛이 사라졌을 때,

붕깡두와 부하들은 전투를 멈추고 멍하니 강물을 바라보고 있었다.

오염됐던 수초는 다시 초록을 되찾았고, 탁하던 물은 맑아졌다.

붕깡두가 조용히 말했다.

“…이게… 제단의 노래였단 말이냐?”

누치가 고개를 끄덕였다.

“그래. 초록강은 싸움이 아니라 노래로 살아나는 법이지.”

붕깡두는 잠시 침묵하다가, 물살에 몸을 맡겼다.

"흥… 이번만은 물러나 주지. 대신 다음엔 노래 말고 복싱으로 붙자고."

굴 사장이 웃음을 터뜨렸다.

"하하하! 붕깡두, 네 주먹보다 바비의 노래가 세단다!"

초록강은 다시 노래했다.

물빛은 되살아났고, 생명은 흐름을 되찾았다.

그리고 그 중심엔, 작고 용감한 한 물고기의 노래가 있었다.

"물은 기억한다.

누군가의 두려움이 용기가 되고, 누군가의 노래가 세상을 바꾼다는 걸."

제12화.

생명의 숲, 생명의 노래

초록강은 다시 맑아졌다.

붕깡두의 소란이 지나간 자리엔 고요한 물결과 초록빛 물풀만이 흔들리고 있었다.

"우와… 강이 다시 맑아졌어요."

바비가 눈을 반짝였다.

누치가 고개를 끄덕이며 말했다.

"그래, 바비. 제단의 노래가 강을 되살린 거야."

그때 굴 사장이 한숨을 쉬었다.

"좋긴 한데 말이지… 이 평화가 오래가진 않아.

초록강이 이렇게 깨끗하면, 대장이 곧 나타나거든."

"대장?"
아빠 산천어가 물었다.
굴 사장이 의미심상하세 대답했다.
"장군숭어. 초록강 하구의 질서를 지키는 철통 수호자지."

그날 저녁, 초록강 하류 쪽에서 진동이 느껴졌다.

"쿵… 쿵… 쿵…."
물결이 울리며 작은 물고기들이 허둥지둥 도망쳤다.

그때, 수면 아래서 은빛 갑옷 같은 비늘이 번쩍였다.
그가 바로 장군숭어였다. 거대한 체구에, 지느러미에는 바다 전쟁터에서 얻은 상처 자국이 선명했다.

그는 낮은 목소리로 말했다.
"초록강의 질서를 어지럽히는 자는 누구든 용시치 않는다!"
누치가 앞으로 나섰다.
"오랜만이오, 장군. 여긴 이제 우리가 지킵니다."
"누치… 네가 아직도 초록강 하구에 남아 있었구나. 하지만 이 구역은 내 관할이다."

바비가 속삭였다.

“아빠… 우리 또 싸우는 건가요?”

아빠는 고개를 저었다.

“아니, 이번엔 싸움보다… 대화가 필요한 것 같은데?”

장군숭어는 거대한 꼬리로 수초를 젖혔다.

그 안에는, 작고 빛나는 새싹들이 무리 지어 있었다.

“이건…?”

바비가 눈을 크게 떴다.

“수초야.”

누치가 설명했다.

“강의 숨구멍이지. 물고기들이 숨 쉬고 알을 낳을 수 있게 도와주는 수초야.”

장군숭어가 굵은 목소리로 덧붙였다.

“수초가 자라면 강은 숨을 쉬지. 하지만 조금만 오염되면 다 죽어버려.

그래서 나는, 어떤 생선이라도 이 숲을 해치면 가만두지 않는다.”

굴 사장이 작게 웃었다.

“하하, 그래서 ‘장군’이라 불리지. 하지만 저 친구, 사실 은근히 감성파야."

"조용히 해라, 개굴."

"봐, 부끄러워서 목소리 더 굵어졌잖아."

그날 밤, 바비는 누치와 함께 강물 속, 숲을 지나다가, 조그만 물고기 알들이 수초에 엉켜 있는 걸 발견했다.

"이건… 숨을 못 쉬고 있어."

바비는 조심스레 알들을 풀어주기 시작했다.

그러다 바위틈에서 미세한 기포를 느꼈다.

'또 제단의 기운이다….'

그가 손끝으로 그 물살을 스쳤을 때, 작은 알들이 반짝이며 빛을 내기 시작했다.

그때, 뒤에서 들려온 장군숭어의 목소리.

"꼬마야, 네가 한 짓이 뭔지 아느냐?"

바비가 놀라 몸을 돌렸다.

"죄, 죄송해요… 그냥 도와주려던 건데…."

장군숭어는 잠시 바비를 바라보다가 천천히 웃었다.

"그래. 그게 바로 '지킴이'의 마음이지."

그는 꼬리로 바비 머리를 살짝 쓰다듬었다.

"잘했다, 꼬마야. 네 손끝에서 새로운 생명이 숨쉬기 시작했어."

다음날, 초록강 전역에 새로운 수초가 자라났다.

작은 새싹이 강바닥을 덮고, 그 위로 새우들이 춤을 추듯 지나갔다.

누치가 감탄했다.

"바비가 스쳐 지난 자리에 수초가 다시 자라고, 제단의 힘이 다시 흐르고 있어."

장군숭어가 말했다.

"이 숲은 초록강의 심장이다.

이곳을 지키는 자가 초록강을 살려낼 것이다."

장군숭어는 바비에게 다가와 물었다

"넌 생명의 노래를 누구에게 배웠느냐?"

"새, 생명의, 노래요?!"

바비는 깜짝 놀랐다.

"오래전, 엄마한테서요. 저는 아직 어려서 노래를 잘 못 불러요."

"꼬마라도 상관없다.

강을 지키는 마음은 크기가 아니라 진심이지."

굴 사장이 박수를 쳤다.

"하하하! 초록강 공식 '수초 명예 수호자' 탄생이군!"

누치가 웃으며 덧붙였다.

"이제 강은 바비의 노래와 함께 다시 살아나게 될 거야."

그날 이후, 초록강은 숨을 쉬기 시작했다.

숲엔 새로운 생명이 깃들고,

모든 생물은 다시 평화를 배웠다.

"물은 기억한다.

한 마리의 용기가 숲을 만들고,

한 마리의 노래가 세상을 바꾼다는 것을."

제13화.

긴수염메기의 공격

초록강 하류 숲에서, 흙냄새를 풍기고, 거품을 일으키는 무언가가 천천히 꿈틀거렸다.

“크흐흐흐….”

긴수염메기였다.

그의 수염은 미역처럼 길게 늘어져 있었고,

그 끝에서는 침이 뚝뚝 흘러내렸다.

희뿌연 눈동자에선 굶주림과 잔인함이 번갈아 섞여 번뜩였다.

“후후후… 오늘은 너희들 잔칫날이다.”

그의 시선 너머엔,

조용히 물풀 사이를 헤엄치고 있는 아빠 산천어와 바비가 있었다.

"산천어라… 신메뉴를 맛보겠군. 입맛이 도는데."

긴수염메기는 미끄러운 몸을 바짝 낮추며, 물풀 사이를 스르르 미끄러졌다.

'이제, 서너 걸음만 더 가면 된다.

오늘 저녁은 산천어 스테이크다….'

그는 날카로운 이빨을 드러내며 입꼬리를 올렸다.

그리고—

'바로 지금이다!'

긴수염메기가 몸을 튕기려는 바로 그 순간,

퍽!

거대한 무언가가 그의 앞을 가로막았다.

물살이 흔들리고, 진흙이 흩날렸다.

"으윽! 뭐야?! 누, 누가 내 밥상에 재를 뿌리는 거야!"

긴수염메기는 성질을 부리며 한걸음 뒤로 물러섰다.

그는 조심스럽게 눈을 내밀어 그 존재를 확인했다.

그 순간, 긴수염메기의 얼굴이 하얗게 질렸다.

"…아, 아악! 장, 장군숭어다!!"

또다시 나타난 장군숭어.
그 이름 앞에선 웬만한 포식자들도 꼬리를 내렸다.

그는 단순히 크고 강해서 '장군'이라 불린 게 아니었다.
젊은 시절부터 강과 바다를 오가며, 수많은 물고기를 지켜낸 진짜 지도자였다.

"허허… 또 사고 치러 왔냐, 긴수염메기." 그녀의 목소리는 낮고 묵직했다.
"강물이 탁해진 게 네가 움직였단 증거야."
긴수염메기는 식은땀을 흘렸다.
"장군님, 저, 저도 사정이 좀 있지 말입니다. 요즘 먹잇감이 줄어서… 그냥 조금만…."

"조금만?"
장군숭어가 꼬리로 물살을 한번 휘저었다.
순식간에 파도 같은 물결이 메기의 머리 위를 덮쳤다.

"조, 조금만 농담이었습니다!"
긴수염메기가 황급히 바위 뒤로 줄행랑을 쳤다.

긴수염메기는 몰래 고개를 내밀었다.

"그래… 이쯤에서 지켜보자. 장군 혼자서 다 먹진 않겠지."

그러나 그의 예상은 완전히 빗나갔다.

장군숭어는 산천어 물고기들을 공격하지 않았다.

그저 그들 근처를 천천히 돌며,

물살을 안정시켰다.

그의 눈빛은 분노도, 욕심도 아니었다.

조용한 존중과 따뜻함이었다.

"저, 장군숭어 녀석… 왜 저러지?"

긴수염메기는 이해할 수 없었다.

강에서 '강함'이란 곧 '먹이 사슬의 꼭대기'를 뜻했다.

강한 자는 약한 자를 잡아먹는다.

그게 법이었다.

그런데 장군숭어는 달랐다.

그는 약한 생명들을 감싸고 있었다.

사실, 이 모든 건 우연이 아니었다.

조금 전, 이곳에 긴수염메기가 나타나자, 누치와 새끼 숭어가 재빨리 움직였고,

새끼 숭어가 장군숭어를 찾아가 산천어 가족이 위험에 처해 있다고 알렸던 것이다.

마침, 관할 지역을 순찰 중이던 장군숭어는 즉시 방향을 바꿨다.
그의 본능이 말하고 있었다.
"지금 당장 가지 않으면, 산천어가 위험할 수 있어!"
그는 강 하류를 가르며 돌진했고,
결국 긴수염메기가 산천어 가족을 덮치기 직전, 그곳에 도착한 것이다.

긴수염메기는 꼼짝하지 못한 채 그 장면을 지켜봤다.
장군숭어는 아무 말도 하지 않았지만,
그 거대한 몸으로 산천어 부자를 감싸듯 서 있었다.

바비가 작게 물었다.
"장군숭어 님… 왜 저희를 도와주신 거예요?"
장군숭어가 미소 지었다.
"강이란 건, 혼자 흐르지 않는다. 서로가 지켜줘야 물살이 살아 있지."

그 한마디가 물결처럼 번졌다.
긴수염메기의 가슴 한쪽이 묘하게 저릿했다.

‘힘이란… 이런 건가?’

그는 조용히 꼬리를 돌렸다.

이번 사냥은 실패였다.

하지만 긴수염메기 마음속엔 새로운 의문이 피어났다.

그날 밤, 초록강의 물결은 유난히 고요했다.

바비는 아빠의 품에 안겨 속삭였다.

“아빠, 장군숭어 아저씨… 진짜 멋있는 분 같아요?”

“그래. 진짜 힘센 물고기는 싸우지 않는 법이란다.”

멀리 어둠 속에서 긴수염메기는 천천히 헤엄치며 생각했다.

“물은 기억한다… 강한 자의 꼬리보다, 따뜻한 물살이 더 오래 남는다는 걸.”

제14화.

아빠 산천어 장군숭어를 감동시키다

초록강 하구의 오후.

햇살이 물결 위에서 금빛으로 부서지고 있었다.

그 평화로움 속에서 장군숭어는 여느 때처럼

바위 위에 턱을 괴고 낮잠을 즐기고 있었다.

"후우— 오늘도 강은 평화롭구나.

…적어도 내 배 속이 고플 때까진."

그때, 물살을 가르며 물고기가 다가왔다.

누치였다.

"장군님! 장군숭어 님!"

"어이쿠, 누가 이리 다급해··· 어디에 물 폭탄이라도 터졌나?"

누치의 곁에는 아빠 산천어와 바비가 함께했다.

상처 난 비늘, 지친 꼬리, 그리고 눈빛—

장군숭어는 낮잠을 즐기던 자리에서 일어나, 누치와 산천어 가족을 맞이했다.

"어서들 와요, 누치가 귀한 손님을 모셔왔구만,

그러잖아도 나도 한번 산천어 가족을 만나서 물어볼 게 있었는데, 마침, 오늘 잘왔구만?"

아빠 산천어는 숨을 골랐다.

"저희가 초록강 물고기가 아닌 거, 장군님은 아시잖아요. 저희 원래 고향이 여기가 아니라는 거."

"지난번, 긴수염메기 사건이 있을 때 누치를 통해서 듣긴 했었지, 강원도 어느 계곡에서 살다가 폭우에 떠밀려 여기 초록강 하구까지 왔다구."

"맞아요. 폭우가 쏟아져 계곡이 무너지고, 아이들을 구하려다 물살에 휩쓸렸습니다.

결국 이 초록강 하구까지 떠내려왔지요."

"저희가 살던 마을은 강원도 화천의 깊은 계곡 산천어 마을이에요."

장군숭어는 아빠 산천어의 말을 차분히 듣다가, 중간에 궁금해했던 것에 대해, "잠깐!" 하며, 질문을 던졌다.

"가만있어 봐, 그러니까, 고, 고향이, 가, 강원도 화, 화천이라 했나…? 인간들이 찾아와 얼음 구멍 뚫고 낚시하는 그 무서운 동네?"

"네, 맞아요."

"그럼 산천어 가족은 초록강 하구에,

그— '물살 따라온 불시착 물고기'였군!"

"불시착이라뇨, 강물 착륙입니다."

장군숭어는 껄껄 웃었다.

"그래, 여하튼 살아 있어서 다행이야."

아빠 산천어의 얼굴엔 금세 그림자가 드리웠다.

"하지만… 장군님 아니었으면, 저희들 목숨도 잃을 뻔했습니다. 긴수염메기의 습격으로…."

장군숭어의 표정이 굳었다.

"그 녀석, 하마터면 대형 사고 칠 뻔했지.
내가 몇 번을 경고했는데, 물고기 협약을 안 지켜."

아빠 산천어가 말을 이어갔다.

"그날 이후 생각했습니다. 우린 왜 이렇게 살아야 할까요?

같은 강에서, 같은 물을 마시며, 왜 서로를 잡아먹고 싸워야 해요?"

아빠 산천어의 목소리는 점점 단단해졌다.

"초록강은 먹고, 먹히는 전쟁터 같아요.

큰 고기가 작은 고기를 괴롭히고, 약한 자는 그저 도망치거나 사라질 뿐이지요."

장군숭어는 말없이 물살을 바라보았다.

"너무 익숙한 풍경이야… 그래도 세상이 원래 그런 거 아닌가?"

"아닙니다, 장군님."

아빠 산천어는 조용히 고개를 저었다.

"강원도 화천에서는 인간들도 우리 산천어를 사랑합니다. 매년 겨울마다 백만 명이 넘는 인간들이 우리 산천어를 보기 위해 찾아와요."

"뭐? 백만 명?!"

장군숭어는 지느러미를 번쩍 들었다.

"그럼 거의 바다급 인구잖아!

인간들이 뭘 보러 오는 거라고?"

"산천어를 보기 위해서요.

아니, 우리를 잡으러 오기도 하지만— 그들은 우리와 함께 웃습니다.

아이들은 산천어를 손으로 잡으며 깔깔 웃고,

마을 사람들은 산천어 덕분에 생계를 이어갑니다."

장군숭어는 입을 다물지 못했다.

"뭐?, 마을 사람들이… 산천어 덕분에 먹고 산다고?"

"네… 우리 산천어 덕에, 그 시골 마을이 세계적으로 알려진 거죠. 이제 인간들도 산천어를 함부로 대하지 못해요. 우린 그들에게 '식탁의 생선'이 아니라 '축제의 주인공'이 되었으니까요."

장군숭어는 머리를 긁적였다.

"음… 그럼 인간들이 변했다는 건가?"

"맞아요. 이제 인간들은 더 이상 개나 고양이를 잡아먹지 않아요.
그들을 '반려동물'이라 부르며 가족처럼 지내죠. 이제는 '반려물고기'도 생겨났습니다."

"반려… 물고기?"

"네, 수조 속의 친구.

인간들은 우리에게 이름을 붙이고, 말을 걸며, 심지어 생일도 챙깁니다."

장군숭어는 헛기침을 했다.

"흠… 그럼 나는 '장군님 생일 축하해요' 카드라도 받을 수 있겠군."

"네, 가능하죠. 다만 택배는 물속 배송이라 어렵습니다."

"허허, 그래도 그거 멋지군."

아빠 산천어는 미소를 지었다.

"인간들도 변하고 있어요. 이제 물고기가 단순한 먹거리나 장식이 아니라, 감정을 느끼고 살아 있는 존재로 인정받고 있습니다. 그들도, 우리도, 같은 생명이니까요."

"흠…

그럼 인간들이 '붕어 대가리'라고 놀릴 때,

이제 '너희 인간도 물고기 출신이야!' 하고 받아쳐야겠군?"

"정확히 그겁니다, 장군님."

"좋아! 이거 마음에 든다!"

아빠 산천어의 목소리가 다시 낮아졌다.

"하지만 아직 멀었습니다.

육지에선 인간들이 저지른 환경 파괴로 기후가 뒤틀리고 있습니다.

그들이 만든 쓰레기와 독성 물질이 결국 바다와 강으로 흘러오죠.

그건 인간에게 돌아갈 재앙의 씨앗입니다."

"그럼 우리가 사라지면… 인간들도 위험하겠군?"

"그렇습니다.

우리가 사라지면, 강도 죽습니다.

강이 죽으면, 숲이 죽고, 결국 인간도 함께 사라집니다.

우린 모두 연결되어 있습니다."

장군숭어는 천천히 고개를 끄덕였다.

"결국, 인간이나 물고기나, 같은 물속에서 헤엄치는 존재라는 거지."

"맞아요.

물의 흐름은 우리 모두의 숨결이니까요."

그날 밤, 장군숭어는 초록강 하구의 모든 물고기를 불러 모았다.
붕어, 잉어, 메기, 누치 형제, 심지어 깡붕파까지.

"얘들아! 오늘부턴 서로 잡아먹는 걸 금지한다!"

"네? 그럼 저녁은요?"
"플랑크톤 스무디로 통일한다!"
"플랑크톤은 밍밍해서 싫어요!"
"그럼 물맛이라도 음미하든지?"

아빠 산천어가 웃으며 말했다.
"초록강도 이제, 문명화의 시작이군요."
"그래, 이젠 싸우는 대신 흘러야 해.
우리도 인간처럼 친구를 사귀자."

물결 위로 별빛이 내려앉았다.
그 빛은 강 전체를 은은히 비추며 속삭였다.

"물고기든 인간이든, 결국 모두 같은 물에서 태어나,
같은 흐름 속으로 돌아간다."

장군숭어는 고개를 들어 하늘을 보며 중얼거렸다.

"진짜 강한 물고기는, 큰 이빨을 가진 게 아니라, 더 멀리 흘러 세상을 바꾸는 놈이지."

그리고, 초록강 하구는 그날 이후로, 싸움의 강에서 이해의 강으로 변해갔다.

물살은 여전히 빠르고, 하지만 그 안엔 더 깊은 온기가 있었다.

"강의 흐름은 하나였다.

다만, 그 안에 담긴 마음이 다를 뿐이었다."

제15화.

초록강 탐험, 누치의 비밀휴양지

며칠 사이, 바비의 눈빛엔 생기가 돌기 시작했다.

움직일 때마다 찌릿찌릿하던 지느러미는 이젠 부드러운 수초처럼 흔들렸고,

물살을 가르는 몸놀림은 더 이상 '헤엄 초보'가 아니었다.

아빠 산천어가 조심스레 말했다.

"조금 무리 아닐까…? 아직 회복 중인데—"

그때, 옆에서 누치가 멋지게 몸을 한 바퀴 회전하며 말했다.

"괜찮아요. 오늘은 바비에게 초록강의 진짜 얼굴을 보여줄 시간이에요."

바비의 눈이 번쩍였다.

"진짜요? 근데… 진짜 무섭진 않겠죠?"

"무서운 건 이미 이겨냈잖아. 이젠 재미만 남았지."

누치가 바비의 등을 '툭' 치며 윙크했다.

"으악!" 바비는 휘청거리더니 물거품 속으로 풍덩— 잠시 후, 머리를 내밀며 웃었다.

"누치 형, 진짜 너무한다니까요!"

"그게 바로 모험의 시작이지!"

그렇게 세 마리의 물고기는 새로운 모험을 떠났다.

이름하여—'초록강 탐험대!' 대장은 누치! 부대장은 바비!

그리고… 든든한 보호자 겸 잔소리 담당, 아빠 산천어!

"첫 번째 목적지는 '물거울 바위'! 출발~!"

누치의 외침이 초록강을 울렸다.

초록강의 아침은 눈부셨다.

햇살이 물 위에서 춤추듯 반짝이고, 바닥 자갈들은 별빛처럼 빛났다.

게 한 마리가 느긋하게 지나가며 말했다.

"아침부터 시끄럽네, 또 탐험대인가."

"탐험대입니다!"

바비가 당당히 외쳤다.

게는 집게발로 하이파이브하듯 흔들었다. "파이팅~"

"우와… 진짜 거울 같아요!"

눈앞엔 거대한 바위, 그 위엔 물이 유리처럼 맑았다.

바비가 고개를 들이밀자—

물속에 낯선 산천어 한 마리가 그를 보고 있었다.

"이게… 나야?"

바비는 처음으로 자신의 얼굴을 천천히 바라봤다.

지느러미의 작은 상처들, 까맣게 남은 흔적들— 하지만 그 얼굴은 어느새 어른스러워져 있었다.

"멋있지?" 누치가 옆에서 씩 웃었다.

"그건 상처가 아니라, 살아남은 증거야."

바비는 한참 동안 말이 없었다. 그러고는 아주 천천히,

"저… 생각보다 괜찮네요?"

"봐 봐, 이 녀석 이제 거울 보고 자존감 상승했어."

"누치 형, 오늘은 진지하게 좀 해요!"

아빠 산천어는 미소를 감추며 뒤에서 조용히 중얼거렸다.
"그래, 이제 진짜 강물이 됐구나."

두 번째 목적지는 : 흐름의 미로
초록강 중간, 물살이 네 방향으로 뒤엉킨 구간.
들어가기 전, 바비는 몸을 잔뜩 웅크렸다.
"이건… 약간 위험해 보이는데요?"

누치는 씩 웃으며 말했다.
"이곳은 '흐름의 미로'. 방향 감각보다 중요한 건 감(感)!
물길을 거스르지 말고, 믿어봐."
"물살을 믿으라… 알겠어요!"
바비는 눈을 감고 물속으로 몸을 던졌다.

처음엔 이리저리 휘청거리며 "으앗! 아앗!!" 소리가 터졌지만,
이내 몸이 물살과 하나가 되자—
그는 노래하듯 유영하기 시작했다.
"마치… 강물이 날 안아주는 것 같아요!"

누치는 장난스럽게 말했다.
"봐라, 초록강이 바비한테 반했네."
"누치 형, 강이 반한 건 좀 과장 아닙니까."

“에이, 과장도 모험의 일부야!”

아빠 산천어는 멀리서 그 모습을 지켜보며 잔잔히 웃었다.
“이제야 웃는 얼굴을 다시 보네.”

세 번째 목적지는 : 작은 소리 숲
수초들이 빽빽하게 자란 조용한 구역.
바비는 고요한 물속을 따라 헤엄치며 말했다.
“소리가… 들려요. 수초가 서로 인사하는 것 같아요.”

누치가 살짝 속삭였다.
“초록강엔 무서운 것도 있지만, 이렇게 살아 있는 고요함도 있단다.”
아빠 산천어가 덧붙였다.
“강은 누가 보느냐에 따라 달라지는 거야. 겁 많은 아이에겐 어둠이고, 용기를 낸 아이에겐 빛이지.”

그 말에 바비는 잠시 멈춰, 햇살이 스며드는 수면을 올려다봤다.
그 빛 속에서 잠깐, 누군가의 황금빛 그림자가 스쳐 지나갔다.

‘…황금송어?’

순간, 물살이 반짝이며 미소 짓듯 흔들렸다.

해가 저물 무렵, 세 마리의 탐험대는 연못으로 돌아왔다.

바비는 온몸이 노곤했지만 눈빛만큼은 반짝였다.

"형, 오늘 너무 재밌었어요.

이젠 초록강이 무섭지 않아요."

누치는 한 바퀴 빙글 돌며 웃었다.

"봐라, 내가 괜히 대장 하겠냐? 오늘 임무 성공!"

"형은 자기가 대장이라서 좋죠."

"그럼 넌 부대장이잖아, 완전 승진 루트야!"

"그럼 아빠는요?"

"아빠는 우리 부서장 겸 인사팀장."

"에이, 인사팀장은 너무 현실적이에요."

"그럼 '강물 영웅 담당자' 어때?"

"그건 좀 멋있네요!"

셋은 동시에 웃음을 터뜨렸다.

그 웃음소리가 물살 위로 퍼지며, 초록빛 노을에 부딪혀 반짝였다.

그날 밤,

아빠 산천어는 하늘을 향해 속삭였다.

'이 아이가… 정말 강을 바꿀지도 모르겠구나.'

그리고 멀리서,

물거품 속 누지의 장난스러운 목소리가 들려왔다.

"대장 말 듣기 잘했죠? 대장은 원래 촉이 좋다니까!"

물결은 유쾌하게 흔들렸고, 초록강은 오늘도 새로운 전설을 품었다.

"두려움을 이긴 아이는, 이제 물살이 된다."

제16화.

여긴 왜 이렇게, 많은 숲이 우거져 있을까요?

"바비야."

누치가 물살 속에서 조용히 말했다.

"너한테 꼭 보여주고 싶은 곳이 있어."

바비는 궁금한 눈으로 물었다.

"또… 깡붕파 아지트 같은 무서운 곳 아니죠?"

"야, 이번엔 진짜 평화로운 곳이야.
깡패 대신 풀잎이 나오는 곳이지."

"풀잎이요? 그럼 밥은 없겠네요…."

“거기선 밥보다 더 중요한 걸 보게 될 거야.”

몸에 힘이 생겨난 바비는 누치의 꼬리를 따라 천천히 강 아래로 내려갔다.

물은 점점 탁해졌고, 바닥엔 오래된 수초가 쓰러져 있었다.

기억이 물처럼 스며드는 듯,

바비는 지난밤의 공포가 다시 떠올랐다.

죽은 수초들, 떠도는 물고기 비늘, 멈춘 물살.

모든 것이 조용했지만 슬펐다.

바비의 목소리가 낮게 떨렸다.

“누치 형… 여긴 왜 이렇게 슬퍼요?”

누치는 잠시 말을 아꼈다.

“여긴, 한때 초록강에서도 물고기들이 가장 살기 좋은 곳이었어. 하지만 오염된 물이 흘러들어오면서 많은 생명이 사라졌지.”

바비는 입술을 꼭 다물었다.

그때, 누치가 슬쩍 웃으며 덧붙였다.

“그래도 걱정하지 마. 난 슬픔 끝에 꼭 희망을 숨겨두거든?.”

한참을 더 내려가자, 물살이 갑자기 달라졌다.
흐릿하던 물이 맑아지고, 햇살이 바닥을 비추었다.

그리고….
"우와…."
바비는 눈을 동그랗게 떴다.

눈앞엔 울창한 숲이 펼쳐져 있었다.
초록빛 잎사귀들이 물결 따라 흔들리며 노래하는 듯했다.
햇살이 잎사귀에 닿을 때마다 반짝이며 부서졌고,
숲속에선 새우와 작은 물고기들이 춤추듯 헤엄쳤다.

"누치 형… 여긴 마치 산속의 숲이 물속으로
내려온 것 같아요."
"하하, 그래. 여기가 초록강의 심장이자,
나의 비밀휴양지야."
"휴양지요?"
"응. 스트레스 받으면 여기 와서 해초 마사지를 받거든."
"그게… 돼요?"
"물론이지. 이 수초들은 이렇게 부드럽잖아?"

누치가 풀잎 사이로 몸을 기대자,

숲이 살짝 움직이며 그의 등을 간질였다.

“봐, 이렇게. 명품 스파지.”
바비는 킥킥 웃으며 누치를 따라 그 옆에 누웠다.

그리고 느꼈다—
풀잎들이 그의 지느러미를 감싸며 따뜻하게 품어주는걸.

“누치 형, 여긴 어떻게 이렇게 많은 숲이 우거져 있을까요?
아까는 다 죽은 수초들뿐이었잖아요?”

누치는 조용히 대답했다.
“여긴 상처받은 생명들이 모여 만든 숲이야.
버려졌던 씨앗들이 다시 모여, 서로를 품으며 자란 곳이지.”

바비는 그 말을 듣자마자 조심스레 수초 위에 몸을 누였다.
풀잎 하나가 다가와 그의 상처 난 지느러미를 감싸듯 스쳤다.

그 따뜻한 감촉에,
바비의 눈가가 젖었다.

“누치 형….”

그는 낮게 말했다.
“이 수초들이… 나에게 말을 걸어오는 것 같아요.”

“그래?”
누치가 부드럽게 웃었다.
“살아 있는 생명체들이니까.”

그 한마디에 바비는 잠시 아무 말도 할 수 없었다.
물결이 잔잔히 흔들렸고, 그 속에서 작고 단단한 생명들의 숨결이 들렸다.

바비는 어느새 울고 있었다.
조용히, 오래 참았던 눈물이 물결처럼 흘러나왔다.

누치는 아무 말 없이 그의 옆에 머물렀다.
그도 천천히 물결을 들이쉬며, 숲의 숨소리에 귀를 기울였다.

“누치 형….”
바비가 속삭였다.
“나도… 이 숲처럼 누군가에게 쉼터가 되고 싶어요.”

누치는 고개를 돌려 그를 바라봤다.

"그래, 바비야. 그 말, 꼭 기억해라.
강이든 마음이든, 흐르는 건 언제나 다시 시작할 수 있으니까."

시간이 흘러 해가 기울 무렵,
강물 속 숲은 금빛으로 물들었다.

바비는 수면을 올려다보며 말했다.
"이 강이… 다시 살아나고 있어요."

"그렇지." 누치가 미소 지었다.
"강이 회복된다는 건, 네 마음도 회복된다는 뜻이야."

그 순간, 숲에서 미세한 기포들이 피어올랐다.
마치 숲이 웃고 있는 듯했다.

"봐 봐, 바비. 수초들이 너한테 고맙다고 인사하는 거야."
"진짜요?"
"아니면… 그냥 방귀일 수도 있지."
"푸하하하!"
바비의 웃음소리가 물살에 번졌다.

그날, 초록강은 오랜만에 따뜻한 숨을 내쉬었다.

상처받은 물고기들의 쉼터, 숲은 조용히 바비를 품었다.

“물은 기억한다.
쓰러진 자리마다 다시 피어나는 생명을,
그리고 그걸 지켜보는 웃음의 힘을.”

제17화.

페페가 만든 초록강 하구 잘피숲

초록강의 한가로운 오후,
누치가 물살을 헤치며 다가왔다.
"바비, 오늘은 네가 꼭 만나야 할 친구가 있어."

누치의 말이 끝나기가 무섭게 수초 틈 사이에서 작고 동그란 눈 두 개가 톡 튀어나왔다.
안녕! 나는 '페페'라고 해!"

바비는 깜짝 놀랐다.
"히익! 개구리다!"

페페는 웃으며 말했다.
"정확히 말하면 아직 성장 중이야. 청소년 개구리지."

누치 동생이 장난스럽게 덧붙였다.
"얘는 초록강 하류에서 온 친구야. 작다고 얕보면 큰 오산이지.
이 강에서 제일 용감한 녀석이거든."

페페는 조금 부끄러운 듯 미소를 지었다.
"나는… 태어날 때부터 파도랑 날마다 싸워야 했어."

봄이 막 시작되던 어느 날,
엄마 개구리는 초록강 풀숲에 수많은 알을 낳았다.

하지만 그 행복도 잠시,
하늘이 갑자기 찢어지듯 터졌다.

"우르르쾅! 콰르르르릉!"

순식간에 폭우가 쏟아져 강물이 불어났다.
올챙이들은 눈 깜짝할 사이에 물살에 휩쓸려 강 끝으로 떠내려갔다.
그곳은 바다와 맞닿은 하구였다.

페페가 낮은 목소리로 말했다.

"그때 정말 두려웠어. 물은 짜고, 냄새는 비릿하고, 바닷물고기들은 우리를 이상하게 쳐다봤지."

페페의 표정이 잠시 굳어졌다.

"거기선 게들이 집게발을 휘두르며 '이 구역은 우리 구역이야!' 하면서 쫓아냈어."

"그리고, 초록강 하구에 처음 도착했을 땐, 풀 한 포기 없는 모래밭뿐이었어. 그냥 파도, 게, 그리고 또 파도뿐이었지."

누지가 고개를 끄덕였다.

"그곳은 우리가 사는 초록강과는 완전히 다른 세상이지."

페페가 하늘을 올려다보았다.

"그때 깨달았어. 이곳에서 살기 위해선 안전하게 거처할 수 있는 숲이 필요하다는 것을."

"그래서 다짐했어. 언젠가, 아무도 쫓겨나지 않는 우리만의 숲을 만들겠다고."

며칠 뒤, 페페는 친구들을 불러 모았다.

"얘들아, 우리에게는 숲이 필요해! 편히 쉴 수 있고, 몸을 숨길

수 있는 공간 말이야.”

한 녀석이 손을 들었다.

“근데 우린 손이 없잖아.”

“그럼 꼬리로 해!”

“꼬리로?!”

“그래! 꼬리도 쓰기 나름이지!”

모두의 눈이 둥글게 커졌다.

그때 누치 형제와 숭어 삼촌이 다가왔다.

그들은 초록빛 식물을 보여주며 말했다.

“이건 잘피란다. 바닷속에서도 뿌리를 내리고 물살 따라 잘 자라지.”

그때 페페의 눈빛이 반짝였다.

“그럼 이걸 우리가 사는 강 하구에 옮겨 심자! 이게 바로 우리의 집이 될 거야!”

“좋아, 그럼 작전명은 ‘잘피숲 프로젝트’다!”

하지만 바다는 만만치 않았다.

잘피를 심을 때마다 파도가 덮쳐, 심은 잘피가 모조리 휩쓸려

나갔다.

"으악! 또 떠내려간다!"
"빨리 붙잡아! 꼬리로 감싸!"

결국 개구리들은 몸으로 잘피를 덮었다.
파도가 오면 몸을 돌려 막고, 바람이 불면 서로를 붙잡았다.

손도, 도구도 없었지만,
그들의 의지는 그 어떤 바위보다 단단했다.

얼마 후, 드디어 변화가 찾아왔다.
잘피가 뿌리를 내리고 싹을 틔웠다.
빛을 받은 잎사귀들이 물결 속에서 반짝였다.

그곳으로 새우와 조개들이 몰려들고,
작은 물고기들이 숲 사이를 뛰놀았다.

바비가 감탄하며 말했다.
"와… 페페, 너는 정말 대단한 친구로구나, 너무나 훌륭한 일을 해냈어."
"페페야, 너의 생각과, 저 초록 풀 한 포기가 세상을 바꾼 희망이 된 것 같아.”

바비는 조용히 잘피 한 뿌리를 손에 쥐었다.
“나도 초록강에 그런 숲을 만들고 싶어.”

그날 밤, 바비는 초록강 모래밭에 흙을 파고 조심스레 잘피 한 포기를 심었다.
“잘 자라거라, 초록강의 희망아.”

그의 손끝에서 잔잔한 빛이 번졌고,
물결이 부드럽게 흔들리며 속삭였다.

“물은 기억한다.
생명이 흘린 눈물, 그리고 그 눈물이 피운 숲을.”

바비가 심은 초록은 단순한 풀이 아니었다.
그건 바다와 강을 이어주는 생명의 다리였다.

세월이 흐른 뒤, 사람들은 이곳을 ‘초록강의 허파’라 불렀다.
잘피는 강물 속, 더러운 물을 정화하며 새로운 생명을 품었다.

훗날 한 연구자는 말했다.

"바비와 친구들이 만든 숲은 단순한 피난처가 아닙니다.
그건 강을 되살린 희망의 숲이었죠."

제18화.

'깡붕파'의 새 이름 '초록파'

그날 오후, 초록강 하류는 평화로웠다.

초록빛으로 출렁이는 잘피숲 관찰을 위해,

아빠 산천어와 바비, 페페, 누치, 굴 사장이 함께 모여 있었다.

그런데 그때—

멀리서 쾅! 쿵쾅! 소리가 들려왔다.

물살이 거칠게 뒤틀리고, 검은 그림자가 몰려왔다.

"페페!! 큰일 났어!!"

잘피숲 관리자가 허겁지겁 달려왔다.

"깡붕파가 이상한 짓을 벌이고 있어!!"

"뭐라고? 깡붕파가?!"

곁에 있던 누치가 눈을 부릅떴다.
"깡붕파, 이놈들! 또 사고 치려는 거야?"

"그놈들이 잘피숲을 없애버리겠다고…
'초록은 촌스럽다'면서 폭탄을 들고 왔어!"

바비가 눈을 동그랗게 뜨며 외쳤다.
"아니, 물속에서 숲을 어떻게 태워요?!"
곁에 있던 굴 사장도 어이없다는 듯 머리를 흔들었다.
"걔넨 늘 그래. 논리보단 사고(事故)로 움직이거든."

잠시 후,
깡붕파가 물살을 가르며 초록강 하구, 잘피숲 근처에 나타났다.

머리엔 해초로 만든 밴드를 두르고,
핀 조개껍질을 어깨에 찬 녀석들이었다.

"오늘은 초록색 잘피숲을 깡그리 없애버린다!"
"우리의 목표는 깡붕파 조직을 훈련시킬 수 있는 운동장이 필요해, 초록은 구시대다!"

"좋아, 해초 폭탄 장전!"

"근데 말이야…."

조개 2호가 슬쩍 물었다.

"물속인데… 불은 어떻게 붙여요?"

"그건 생각하지 마! 그냥 던져!!"

"예, 대장님!"

그들이 던진 해초 폭탄은 풍덩! 소리와 함께 곧장 자기들 머리 위로 떨어졌다.

"으악!! 내 머리!! 내 머리에서 다시 자라!!"

"누가 강물에서 폭탄 던지래!"

그때,

잔잔하던 강이 한순간에 파도를 일으켰다.

물살이 갈라지며, 위풍당당한 실루엣 하나가 떠올랐다.

"초록강의 평화를 깨는 자, 어떤 놈들이냐!!"

그 굵은 목소리에 모든 물고기가 숨을 죽였다. 장군숭어가 등장한 것이다.

"초록강 하구는 내 구역이다.

잘피숲은 이곳의 심장이다. 물렀거라, 깡붕파!"

붕깡두가 피식 웃었다.

"후후, 이제는 숭어까지 나서냐?"

"그래, 오늘은 내가 직접 나섰다. 겁대가리 상실한 깡붕파 이 놈들, 내 꼬리 맛이 어떤지,

오늘 제대로 보여주지!!"

순간, 장군숭어가 꼬리를 세게 휘둘렀다.

쾅!! 쾅!! 쾅!!

순식간에 커다란 물보라가 일며,

깡붕파는 공 중제비를 돌았다.

"우왁!! 내 눈, 내 눈이 없어졌나 봐, 아, 아무것도 안 보여!!"

"나, 나도요!!"

"나, 난 못 일어나겠어요!!"

장군숭어가 외쳤다.

"내 꼬리 맛이 어떻냐? 어디 한 번 더 얼굴 마사지 좀 해줄까?!"

"그, 그만! 그만! 우, 우리가 졌어요!! 하, 항복할게요."

붕깡두가 장군숭어 앞에 무릎을 꿇었다.

잠시 침묵.

장군숭어가 붕깡두를 일으켜 세우며 말했다.

“이 강은 서로 돕는 강이다. 힘을 자랑하려면, ‘파괴’가 아니라 모두가 함께 살 수 있는 ‘공생’을 생각하라!”

깡붕파 녀석들이 어리둥절해 서로를 바라봤다.

붕깡두가 장군숭어와 눈을 맞추며, 조심스레 물었다.

“고, 공생을 위해, 그럼… 우린 뭘 해야 멋있게 보일까요?”

“도와라. 잘피를 심고, 초록을 지켜라.

그게 진짜 강한 녀석의 길이다.”

잠시 정적이 흘렀다.

그러더니 붕깡두는 울먹이며 말했다.

“이… 이런 말 들은 건 처음이야,

우린 지금껏 강한 척만 했는데… 진짜 강한 건 숲을 지키는 거였어!”

“그래, 이제 알겠지.”

장군숭어가 미소 지었다.

"너희는 이제 더 이상, 깡붕파가 아니다…." 장군숭어는 붕깡두에게 천천히 손을 내밀었다.

"너희들은 오늘부터 '초록파'다."

"초, '초록파'요?! 그, 그게 대파관가요, 아니면 쪽파관가요?!"

"피식—"

"푸하하하."

곁에 있던 모두가 폭소를 터트렸다.

장군숭어가 마무리 발언을 했다.

"초록강의 초록 숲을 지키는 깡패, 초록파!"

그날 이후,

깡붕파는 초록강의 '환경 정화단'이 되었다.

해초 폭탄 대신 잘피 묘목을 들고 다녔고,

파도와 싸우는 대신 쓰레기 줍기를 시작했다.

누치가 물 위에서 웃었다.

"이제 초록강엔 진짜 평화가 오겠네."

바비가 고개를 끄덕였다.

"맞아요. 모두가 장군숭어 님 덕분이에요."

굴 사장이 팔짱을 끼며 중얼거렸다.

"그래도 이름은 좀 무섭네… 초록파라니."

아빠 산천어도 말을 보탰다.

"그래야 아무도 만만히 안 보지."

이후 초록파는 강 곳곳에 새 잘피를 심었다.

바비와 페페, 누치, 장군숭어, 그리고 굴 사장까지 힘을 합쳤다.

초록강은 더욱 맑아지고,

물고기들의 웃음소리가 퍼져 나갔다.

누치가 말했다.

"참 이상하지. 싸움으로 시작한 일이 이렇게 평화롭게 끝나다니."

아빠 산천어가 고개를 끄덕였다.

"진짜 전쟁은 상대를 이기는 게 아니라, 세상을 바꾸는 거니까."

그리고 초록강 하늘 위로 작은 무지개가 떠올랐다.

그건 아마도, '깡붕파'의 새 이름 '초록파'를 축복하는 무지개일지도 모른다.

제19화.

초록강 평화 조약 체결식

초록강의 새벽은 유난히 맑았다.

물살 위로 햇살이 쏟아지며 금빛 비늘처럼 반짝였다.

그날은 특별한 날이었다.

수백 년 동안 먹고 먹히던 이 강에서, 처음으로 모든 물고기가 싸움을 멈추는 날이었다.

"자, 자, 모두 조용!"

장군숭어의 굵은 목소리가 강바닥까지 울렸다.

"오늘은 초록강 역사상 첫 평화 조약이 이루어지는 날이다!

싸움은 금지, 협력은 의무, 그리고 메기들— 이제부터는 야식 금지다!”

“에이, 장군님. 그럼 우리는 뭘 먹어요?”
긴수염메기가 찡찡거렸다.
“플랑크톤, 해조류, 그리고… 반성!”
“반성은… 먹는 건가요?”
“아니, 마음으로 씹는 거야.”

“…”

“너, 그 표정은 뭔가 먹을 생각이지?”
“바, 반성을 하고 있습니다.”
“또, 거짓말이군.”

물고기들이 웃음을 터뜨렸다.
초록강에는 오랜만에 웃음소리가 울려 퍼졌다.

장군숭어는 새로 닦은 바위 위에 올라섰다.
가슴을 쫙 펴고 선언문을 펼쳤다. 그 옆에는 아빠 산천어와 바비, 그리고 누치 형제가 서 있었다.

“이 조약은 초록강의 모든 생명이 평등하게 살아가기 위한 약속이다!

이제부터는 힘으로가 아니라, 물결로 대화한다!"

"물결로요?" 누치 형이 손을 들었다.

"그럼 싸울 때 피도 크기로 대화하는 건가요?"

"그건… 조금 과격한 대화지."

"그럼 미묘한 물결은요?"

"그건 사랑의 신호야."

"오, 장군님, 사랑꾼이셨군요."

"누치, 닥쳐."

아빠 산천어가 웃음을 터뜨렸다.

"장군님, 이제 진짜 초록강이 변하겠네요."

"그래야지. 난 더 이상 싸움 말리는 것도 지쳤다.

솔직히 나도 이제 물 나이가 쉰은 넘었거든."

"그럼 장군님은 이제 강의 어른이군요."

"그래서 요즘 허리도 쑤셔."

내내 조용하던 누치 동생이 툭 내뱉었다.

"그건 나이 때문이 아니라 살 때문이에요."

"뭐라고?"

"아, 아닙니다. 존경합니다, 장군님."

장군숭어는 커다란 수초에 먹물을 찍어 조약문을 읽기 시작했다.

《초록강 생명 헌장》

1항 – 힘센 물고기는 약한 물고기를 보호한다.

2항 – 먹이는 나누되, 남의 꼬리는 먹지 않는다.

3항 – 강의 모든 생명은 흐름을 따라 하나의 가족으로 산다.

4항 – 외부에서 온 손님(예 : 산천어, 황금송어, 인간의 낚싯바늘 등)은 공격하지 않는다.

5항 – 싸움이 발생하면 장군숭어 중재하에 수중 명상으로 해결한다.

"이 조항 5번, 수중 명상이 뭐예요?"
누치 형이 물었다.
"그건… 아무 말 안 하고 30분간 물속에 가만히 있는 거야."
"그럼 숨은요?"
"숨은… 마음으로 쉬는 거지."
"와, 명상은 쉽지 않겠네요."

"조용!" 장군숭어가 꼬리를 내리쳤다.
"자, 이제 모두 서명하도록!"

붕어는 진흙으로, 메기는 수염으로,
누치 형제는 꼬리로, 그리고 바비는 별조개로 서명했다.

아빠 산천어는 조용히 자신의 이름을 적었다.
'산천어 – 강의 친구를 위하여'

서명이 끝나자, 장군숭어가 물었다.
"그런데, 산천어. 그 화천이라는 데는 정말 인간들이 물고기랑 친구라고?"
"그렇습니다.
그곳에서는 인간들이 산천어를 보기 위해 축제를 엽니다.

한겨울, 눈보라가 몰아쳐도
그들은 얼음 구멍을 뚫고 웃으며 우리를 기다리죠."
"헐… 인간이 물고기를 잡으러 오는 게 아니라,
보러 온다고?"

"맞습니다.
그들에게 우리는 자연의 선물이고,
이제는 '먹이'가 아니라 '기억'이 됐습니다."

누치 형이 감동한 얼굴로 말했다.

"우리도 축제 열면 인간들이 올까요?"

"글쎄… 우리 초록강에 오려면 잠수 면허가 있어야 할 텐데."

"그럼 온라인 생중계요!"

"야, 누치, 그 입 다물라니까!"

"근데 형, 나는 카메라에 자신 있어요."

"왜?"

"내 지느러미 각도는 45도가 제일 예쁘거든요."

"…얘 좀 누가 말려줘라."

그날 오후,

모든 물고기가 강 한가운데 모여, 지느러미를 맞잡았다.

"자, 오늘을 기점으로 우리는 하나다!"

"하나!"

"물살로 맺은 가족이다!"

"가족!"

"그리고… 싸우지 않는다!"

"싸우지 않는다!!"

순간, 강 전체가 파도처럼 출렁였다.

햇살이 비추자 물 위엔 작은 무지개가 피어올랐다.

그건 마치, 초록강이 웃고 있는 듯했다.

아빠 산천어는 하늘을 올려다보며 조용히 중얼거렸다.

"이제 이 강에도 평화가 왔어요."

장군숭어는 고웃음을 치며 말했다.

"그래도 말이야… 너무 평화로우면 심심하지 않겠나?"

"장군님, 또 사고 치실 생각이신가요?"

"아니, 그냥… 축제라도 열까 해서."

"무슨 축제요?"

"초록강 《물풀요리 경연 대회》!"

"제발 요리 좀 그만 하세요, 장군님!"

물고기들의 웃음소리가

초록강 하구를 따라 멀리, 멀리 번져갔다.

"평화란 싸움이 없는 상태가 아니라,

서로 다른 물살이 하나의 노래를 부르는 순간이다."

제20화.

깊은 인연의 끈 : 황금송어가 찾아오다

초록강 하구의 새벽.

안개가 물결 위를 스치며 흘렀고, 은빛 잎사귀 같은 햇살이 천천히 강물 위로 내려앉았다.

"들었어? 산천어 가족이 초록강에 왔대!"

숭어가 수초밭을 헤엄치며 소리쳤다.

"산천어? 그럼, 우리 고향 출신인데?"

"응, 가족이 함께 왔다고 하던데?"

그 말은 물살보다 빠르게 퍼져나갔다. 그리고, 초록강 너머 한 존재의 귀에 닿았다.

깊고 푸른 바다 밑. 금빛 비늘이 번쩍이며 움직였다.

“초록강 하구에 와있다고?”

그녀는 미묘하게 미소를 지었다.

“이제야 고향 냄새가 나기 시작하는군.”

그런 뒤 꼬리를 한 번 쳤다.

물결이 갈라지고, 파도가 길을 열었다.

수면 위로 떠오른 순간, 햇살이 그녀의 몸을 감싸며 ‘황금의 물결’을 만들었다.

그녀의 이름— 황금송어.

한때 산천어였으나, 바다로 떠나 강보다 넓은 세상을 경험한 귀향의 영웅이었다.

그 시각, 초록강 수초 숲.

바비는 아빠 옆에서 꼬리를 말고 쉬고 있었다.

“아빠, 왜 물은 가만히 있어도 흐르는 걸까요?”

“그건, 마… 마음이 흐르기 때문이지.”

그때, 묵직한 목소리가 들려왔다.

"좋은 말이군. 그 마음, 아직 변치 않았나 보지?"

아빠 산천어가 화들짝 놀라 뒤돌았다.

그리고, 그녀를 봤다.

햇살 아래, 황금빛 비늘이 반짝이며 수면을 가르며 다가왔다.

"너… 설마, 그 황금송어?"

"하하! 네가 먼저 알아볼 줄은 몰랐네!"

잠시 정적이 흐르고—

두 물고기는 동시에 폭소를 터뜨렸다.

물살이 흔들리고, 수초가 춤췄다.

"야, 넌 여전히 꼬리지느러미 각도 하나 안 변했네!"

"그쪽도 여전하군, 말 많던 입도 그대로야!"

황금송어는 바비를 보며 물었다.

"이 꼬마는 누구지?"

"우리 아들이야. 바비라고 해."

"안녕하세요, 황금송어 님! 이름이… 황금이라니, 진짜 멋져요!"

"호호, 네가 더 멋지구나. 꼬마 산천어 바비."

그녀의 미소는 바다처럼 넓고 따뜻했다.
하지만 곧 표정이 진지해졌다.

"초록강, 아직도 문제가 많나 보지?"
아빠 산천어는 고개를 끄덕였다.
"긴수염메기가 공격하고, 깡붕파가 활개치고 있어."

"깡붕파? 이름부터 심상치가 않군."
황금송어의 눈빛이 번쩍였다.

"좋아, 그럼 내가 나설 차례지."
"너 혼자서?"
"아니, 이 근처에 나와 친한 친구가 있거든.
정의감 넘치고, 꼬리 한 번 치면 물살이 뒤집히는 녀석이지."

"설마… 장군숭어?"
"맞아, 그 친구야. 어떻게 알아? 세상 좁군."
황금송어는 빙그레 웃었다.

"바다에서도 그 친구 덕분에 몇 번이나 어려운 고비를 넘겼지.
이번에도 함께해야 할 일들이 많을 것 같은데…?"

바비가 꼬리를 치며 말했다.

"장군숭어 님이 우릴 많이 도와줬어요. 정말, 멋진 분이세요!"

"그래 맞아, 멋진 친구지!

그럼 장군숭어를 함께 만나러 가볼까?

이튿날 새벽.

황금송어는 산천어 가족을 이끌고 초록강 하구의 끝자락으로 향했다.

바다와 강이 맞닿는 지점—

물빛은 금빛과 초록빛이 섞여, 마치 살아 있는 보석처럼 빛났다.

"와··· 진짜 황금이에요!"

바비가 눈을 반짝였다.

황금송어가 부드럽게 말했다.

"그래, 바다는 나를 단련시켰고, 강은 나를 기억하게 했지."

그녀는 잠시 멈추고, 수평선을 바라봤다.

"이제부터 진짜 꿈이 펼쳐진다. 하지만 잊지 마. 물은 언제나 연결되어 있단다."

그날, 초록강의 물빛은 유난히 따뜻했다.

바다에서 돌아온 황금송어와

강에서 버틴 산천어 가족의 만남—

그것은 세대를 잇는 약속이자, 물의 기억 속에 남을 새로운 이야기의 시작이었다.

"물은 기억한다.

떠나간 자의 발자국도, 돌아온 자의 약속도."

새벽안개가 초록강을 덮었다.

물빛은 은빛으로 반짝였고, 그 아래에선 수많은 생명이 조용히 숨 쉬고 있었다.

그 강의 끝자락, 바다와 맞닿은 경계선 위로 세 마리의 물고기가 천천히 다가왔다.

앞장선 이는 황금송어,

그 뒤를 아빠 산천어와 바비가 따르고 있었다.

"여기가 바로 초록강의 마지막 물살이야." 황금송어의 목소리는 낮고 단단했다.

"이곳을 지나면 바다의 세계가 시작되지."

바비는 눈을 반짝였다.

"와… 물빛이 달라요! 여긴 마치 금빛이에요!"

정말 그랬다.

강물은 맑고 부드러웠지만, 그 끝에 닿은 바닷물은 푸르고 묵직했다.

두 물살이 부딪히며 일으킨 경계선 위로, 금빛 거품이 피어올랐다.

"바비야, 기억해." 황금송어가 말했다.

"이 경계는 단순한 물의 경계가 아니라, 생명이 다시 태어나는 문이란다."

그때 멀리서 거대한 그림자가 다가왔다. 그 위용은 마치 움직이는 바위 같았다.

"장군숭어가 왔어요!"

누치 형제가 앞서 달려와 소리쳤다.

순식간에 물살이 뒤집히고,

거대한 지느러미가 수면을 가르며 등장했다.

"오랜만이야! 황금송어!!"

바위 같은 목소리가 울려 퍼졌다.

"장군숭어. 역시 물살을 타는 각도부터 남다르시네요."
"허허, 황금송어는 여전하구만. 입은 바다에서 더 커졌겠지?"

두 물고기는 서로를 보자마자 웃음이 터졌다.
물결이 파도처럼 흔들렸다.

"자, 정식으로 소개할게요."
황금송어가 바비와 아빠 산천어를 앞으로 밀었다.

"내 고향 친구예요. 화천 계곡 출신, 물살계의 전설— 산천어 부자!"
"산천어 가족. 여기서 또 보게 되는군?" 장군숭어가 고개를 끄덕였다.
"요즘, 긴수염메기와 깡붕파 애들은 잘하고 있나요?"

아빠 산천어가 조용히 나섰다.
"우리는 모두 깊은 인연의 끈으로 연결되어 있나 봅니다.
초록강에 와서 장군숭어 님을 만나고…, 또 황금송어도 만나고…."

"또, 제 어릴 적 고향 친구인 황금송어와 장군님이 이렇게 가까운 사이인 줄은 정말,

저는 지금 꿈을 꾸고 있는 것 같습니다."

옆에서 조용히 듣고 있던 누치 형이 나서며 말했다.

"이건 초록강의 완전 특종감인데? 구독자 삼만 명인 《물살의 진실》, 《깃털 수초 특종》

인기 코너에 실을까요. 오늘 이 상황!"

"누치, 조용히 해라."

장군숭어는 헛기침을 했다.

"음, 아무튼. 초록강의 내 구역에 들어온 이상, 나는 너희들 모두를 보호해야 할 책임이 있다. 오늘 정말 잘 왔다."

아빠 산천어의 눈이 촉촉해졌다.

"정말 고마워요. 초록강에서 지금까지 저희를 도와주신 것만으로도 감사할 따름입니다."

"하하하! 우리 산천어 친구, 너무 겸손하군."

황금송어가 웃으며 지느러미로 그의 어깨를 쳤다.

"초록강의 실세, '파도 한 방이면 강바닥 리모델링 완료' 모두들 알지, 내 친구 장군숭어의 파워! …그러잖아도 장군숭어 님께, 부탁드릴 일이 있어요. 산천어 가족에게 안전한 거처가 필요해요."

장군숭어는 잠시 생각에 잠겼다가 말했다.

"좋다. 너희 모두가 쉴 곳을 만들어 주지."

"정말요?"

바비가 눈을 반짝였다.

"그래. 바다와 강이 숨을 섞는 해안 수로가 있어.

햇살이 잘 들고, 조류도 약하지. 조용하고 따뜻한 은신처가 될 거야."

"그곳 좋아요."

황금송어가 미소 지었다.

"제가 옛날에 휴양 겸 묵었던 곳이에요. 리뷰 별점 다섯 개짜리 명소죠."

"리뷰?"

장군숭어가 눈썹을 치켜올렸다.

"'장군숭어 리조트 – 물살 마사지와 플랑크톤 조식이 일품'이라고 남겼어요."

"하하하, 홍보 대사 하나 잘 뒀군!"

장군숭어가 명령하자, 참모 물고기들이 분주하게 움직였다.

"갈대 줄기 팀, 저기 방파제 세워!"

"새우 팀, 바닥 평탄화! 물풀 팀, 쿠션 작업 들어가!"

"장군님, 진흙이 부족합니다!"

"메기에게 좀 가져오라 해!"

잠시 후, 긴수염메기가 머쓱하게 나타났다.

"저… 진흙 배달 왔습니다…."

"긴수염메기, 이제 착한 일 좀 많이 하며 살자."

"예… 장군님…."

모두가 웃으며 함께 일했다.

그렇게 강물의 생명들이 한마음이 되어 움직였다.

그리고 마침내—

초록빛 햇살이 드는 수로 안에 작고 포근한 보금자리가 완성됐다.

아빠 산천어는 눈시울을 붉히며 고개를 숙였다.

"이렇게까지 해주시다니… 무슨 말로 감사를 드려야 할지 모르겠습니다."

장군숭어가 껄껄 웃었다.

"고마움은 저 황금송어에게 돌려라. 바다에서 내가 길을 잃었을 때, 이 친구가 내 등을 밀어줬지."

황금송어가 장난스럽게 웃었다.

"뭐, 친구라는 게 그런 거잖아요. 가끔은 밀고, 가끔은 업히고. 물살이 다르고 비늘빛이 달라도, 결국은 같은 강물 위에 사는 친구들이니까요."

장군숭어는 그 말을 곱씹듯 중얼거렸다.

"그래… 물살이 다르고 길이 달라도 흐름은 하나지."

그날 밤, 산천어 가족은 오랜만에 고요한 잠에 들었다.

바비가 속삭였다. "아빠… 여긴 정말 포근해요."

"그래, 네가 웃는 걸 보니, 아빠도 이제 잠 좀 편히 잘 수 있겠구나."

갈댓잎이 바람에 흔들리고,

달빛이 강 위에 부서져 은빛 물결을 만들었다.

멀리서 장군숭어와 황금송어가 조용히 서 있었다.

말은 없었지만, 눈빛이 모든 걸 대신했다.

그들의 마음엔 같은 감정이 있었다.
새로운 가족을 맞이한 기쁨, 그리고 또 하나의 생명을 지켜낸 고요한 자부심.

그날 이후, 초록강 하구엔
조용하지만 단단한 평화가 흐르기 시작했다.

"물은 기억한다. 혼자 흐르지 않는다는 걸.
물살이 만나는 그곳에서, 진짜 강의 이야기가 시작된다."

제21화.

세상은 빠르게 가는 자보다, 올바른 방향을 아는 자가 앞서가는 법

며칠이 흘렀다.

초록강 하구에는 봄 햇살이 가득 내려앉고, 물결은 마치 숨을 쉬듯 잔잔하게 일렁였다.

바비는 장군숭어가 마련해준 둥지 근처에서 신나게 물장구를 치고 있었다.

"촤악~! 푸악! 헤헤, 내가 물살왕이닷!"

그러다 문득, 눈앞을 지나가는 거대한 꼬리 하나에 시선이 꽂혔다.

"와아… 저 꼬리, 진짜 멋있다."

그 꼬리의 주인은 바로 초록강의 전설, 장군숭어였다.
"장군숭어 님!" 바비가 쏜살같이 헤엄쳐 와 외쳤다.
"바다에서는 어떻게 싸워요? 해적 물고기가 진짜 있어요?"

장군숭어는 잠시 놀란 듯 눈을 깜빡이더니, 금세 껄껄 웃으며 꼬리로 물살을 한번 휘저었다.
"허허, 해적 물고기라… 그런 놈들 있지.
꼬리지느러미에 독을 감춘 놈, 물살을 거꾸로 타는 그림자 물고기도 있고."

"우와아!" 바비의 입이 쩍 벌어졌다.
"그럼 장군님은 어떻게 그들과 싸워서 이겨요?"

장군숭어는 잠시 미소를 지으며 말했다.
"이기는 게 다가 아니지."

그는 천천히 말을 이었다.
"정말 무서운 물고기는, 싸우지 않아도 이기는 법을 알아.
단 한 번, 꼬리로 '탁'— 치면… 조용해지지."

"우와… 꼬리로 세상을 평정하는 기술!" 바비의 눈이 하트 모양이 됐다.

"저도 그거 배우고 싶어요!!"

장군숭어가 피식 웃었다.
"음, 네 꼬리부터 좀 더 키우고 오너라."

"네?! 제 꼬리가 작아요?"
"아니, 아직 '초보용 꼬리'란 뜻이지."

누치 형이 옆에서 툭 끼어들었다.
"지금은 일단 '헤엄 1단계' 수료부터 하세요, 꼬맹이."

그때 황금송어가 천천히 다가왔다.
"하하하, 장군님은 늘 싸움 얘기로 시작하시는군요."

"그게 내 전공이니까."
장군숭어가 능청스럽게 대답했다.

황금송어는 바다 쪽을 바라보며 조용히 말했다.
"하지만 바비야, 너에게 더 중요한 게 있단다."

"뭔데요? 전 용기도 배우고 싶고, 꼬리 기술도 배우고 싶어요!"
"그건 훌륭하지만,"

황금송어가 살짝 미소 지으며 말했다. "먼저 배워야 할 건 '흐름을 읽는 법'이야."

"흐름을… 읽는 법요?"

"그래. 바닷물이든 강물이든, 어디로 가야 할지 알려주는 건 늘 물살이란다."

"세상은 빠르게 가는 자보다, 올바른 방향을 아는 자가 결국 앞서가게 돼."

"오오… 그거 완전 멋진 명언이에요!"

누치가 감탄하더니 슬쩍 메모를 꺼냈다.

"'황금송어 명언집 제12장 : 방향이 곧 속도다' 좋아, 저장 완료."

장군숭어가 눈을 흘겼다.

"야, 누치. 너 또 SNS에 올릴 생각하지 마라."

"아니요, 장군님 팬 페이지에 공유하려고요!"

바비는 두 눈을 반짝이며 외쳤다.

"그럼 정리해 볼게요!"

"응?"

"장군숭어 아저씨는 '용기'!
황금송어 님은 '지혜'!

그럼 저는… 음… '속도'! 어때요?
엄청 빠르게 헤엄칠 수 있거든요!"

장군숭어가 장난스럽게 웃었다.
"그래, 속도 좋지. 대신 멈추는 기술도 배워야지."
"멈추는 기술요?"
"응, 안 그럼, 모래 바닥에 코 박는다."
누치 형이 뒤에서 폭소를 터뜨렸다.
"ㅋㅋㅋ 저도 예전에 '직진형 헤엄'했다가 돌에 머리 박은 적 있어요."

그때, 아빠 산천어가 천천히 다가왔다.
"바비야."
"아빠!"
"넌 누구보다 빠르고 날렵하지. 하지만 가장 중요한 건…."
그는 바비를 품에 안으며 속삭였다. "네 마음이 어디로 가고 싶은지 아는 거란다."

바비는 고개를 끄덕였다.

"그럼… 마음이 길을 정하는 거예요?"

"그래, 물살은 늘 흘러가지만, 네가 흘러가고 싶은 방향은 네가 정해야 해."

그 말에 황금송어가 고개를 끄덕였다.

"맞아. 마음의 흐름이 곧 진짜 속도지."

장군숭어가 덧붙였다.

"그리고… 꼬리로 방향 잡는 거 잊지 마라. 너무 빨라도 코 박는다."

바비는 잠시 생각하다가,

"하하하, 알겠어요! 앞으로는 '속도 2단계, 마음 중심형!'으로 달릴게요!"

"그래, 그게 바로 네 첫 수업이다."

아빠 산천어가 웃으며 말했다.

그날, 초록강의 물살은 평소보다 조금 더 반짝였다.

바비의 꼬리는 여전히 짧았지만, 그 마음속엔 세 스승이 남긴, 세 단어가 깊이 새겨졌다.

용기. 지혜. 그리고 마음.
바비는 그날 처음으로 느꼈다.

“흐름은 멈추지 않지만,
그 안에서 나만의 방향을 찾을 수 있다.”

그리고 초록강은, 그의 작은 수업을 잊지 않았다.

“물은 기억한다. 배움이란, 마음이 움직이기 시작한 순간임을.”

제22화.

별조개가 가르쳐 준 물빛의 노래

초록강의 밤은 유난히 고요했다.
잘피숲은 은은하게 흔들리고, 물살 위로 달빛이 부서졌다.

바비는 잠이 오지 않았다.
눈을 감아도 장군숭어의 근엄한 목소리,

황금송어의 명언,
아빠의 따뜻한 손길이 머릿속을 맴돌았다.

'용기, 지혜, 마음… 그리고 내 속도.'
그는 꼬리를 살짝 흔들며 중얼거렸다.

"근데… 마음의 방향은 어떻게 아는 거지?"

그 순간—
물속 어딘가에서 '또르르' 하고 맑은 소리가 울렸다.

바비는 깜짝 놀라 눈을 떴다.
"누… 누구야?"

그의 눈앞에 작고 반짝이는 무언가가 떠올랐다.
은빛 껍데기, 별 모양의 몸.
뚜껑이 살짝 열리자 그 안에서 고운 빛이 새어 나왔다.

"안녕, 꼬마 산천어."
"으아악! 조개가 말을 해?!"
별조개는 빙그르르 돌며 웃었다.
"난 별조개 베아야. 달빛을 먹고 자라, 별빛을 내뿜는 조개지."

"와아… 진짜 반짝반짝 빛나네!"
바비는 눈이 하트가 되었다.

"그럼 혹시 노래도 해?"
"물론이지."

별조개는 조용히 입을 열었다.

"물빛이 흐르고, 마음이 춤출 때, 세상의 모든 강은 하나가 된다…."

그 노래가 흘러나오자,

주변의 잘피숲이 잔잔히 흔들리기 시작했다.

초록빛이 퍼지고, 물살이 달콤한 멜로디처럼 진동했다.

바비는 숨을 죽였다.

"이건… 마법이야!"

"노래는 마법이 아니야." 별조개가 조용히 웃었다.

"그건 마음의 소리야. 네가 정말로 '흐름'을 느낄 때, 세상이 노래로 답하는 거지."

"그럼… 나도 해볼까?"

바비가 두근거리며 말했다.

"좋아. 마음을 가라앉히고,

지금 네가 듣는 소리에 귀 기울여 봐."

바비는 눈을 감았다.

물소리, 풀잎이 스치는 소리,

새우들이 '짹짹'거리며 지나가는 소리.

그리고 그 모든 소리가 합쳐져—
작은 선율로 바비의 가슴속에 스며들었다.

그는 천천히 입을 열었다.
"강물아, 강물아, 오늘도 흘러가니,
나는 아직 작지만, 너와 함께 달릴래…."

순간, 물속이 반짝였다.
별조개의 껍질이 활짝 열리며, 수천 개의 빛 점이 초록강을 가득 채웠다.

"우와아아아!!!"
바비는 소리쳤다. "이건 진짜 마법이잖아!!!"

별조개는 웃으며 말했다.
"하하, 아니야. 그건 네가 만든 노래야."
"내가 만든 노래…?"
"그래. 네 마음이 흐름을 만났을 때, 그게 바로 진짜 '물빛의 노래'가 되는 거야."

그때 갑자기 뒤에서 낯익은 목소리가 들렸다.
“이 밤중에 노래 경연이라도 하는 거야?”

굴 사장이 굴 속에서 고개를 내밀었다.
“아니, 나 지금 감성 모드였는데 갑자기 광고 삽입?”

“광고 아니야! 감동이야!”
바비가 두 손(지느러미)을 허우적댔다.

“그래 그래, 감동이다…
그럼 다음엔 ‘개굴 하우스 뮤직 페스티벌’로 오프닝 해라!”

“사장님은 진짜… 언제나 마케팅 천재세요.”
“하하, 개구리 사업은 타이밍이거든!”

별조개가 킥킥 웃었다.
“역시 초록강은 유쾌하구나.”

이윽고 밤이 깊어졌다.
별조개는 천천히 바비의 눈앞으로 다가와 말했다.
“꼬마 산천어야, 이 노래를 잊지 마.
언젠가 네가 강을 지킬 때, 이 선율이 널 이끌어 줄 거야.”

바비는 조용히 고개를 끄덕였다.

“그래, 약속할게.”

별조개는 부드럽게 미소 짓더니, 빛으로 변해 사라졌다.

남은 건 물결 위로 반짝이는 별빛뿐이었다.

그날 밤, 초록강은 조용히 노래했다.

별빛이 흐르고, 물이 노래하고, 마음이 답했다.

바비는 알았다.

자신에게도 강의 일부가 흐르고 있다는 것을.

“물은 기억한다.

가장 조용한 노래가, 세상을 바꾸는 첫 울림이 된다는 걸.”

제23화.

황금송어의 선물

초록강 하구의 저녁.
물결 위로 달빛이 내리고,
바람은 조용히 잘피숲 사이를 스쳤다.

그날 밤, 황금송어는 느릿하게 수면 위로 올라왔다.
꼬리 끝이 달빛에 반짝였다.

그녀의 눈빛엔 늘 그랬듯, 장난기와 따뜻함이 반쯤 섞여 있었다.
"바비, 잠깐 이리 와볼래?"

"네? 혹시 또 수업이에요?"

바비는 눈을 동그랗게 뜨며 다가왔다.
"아니, 오늘은 수업이 아니라 '선물의 날'이지."

황금송어는 조심스럽게 품속에서 무언가를 꺼냈다. 달빛을 받아 반짝이는, 작고 둥근 조개껍데기 하나. "이건… 바다에서 나는 마법을 불러오는 별조개란다."

바비는 눈을 휘둥그레 떴다.
"이, 이건! 어, 어제 나를 찾아왔던, 그, 그 별조개랑 생김새가 똑같아요"
황금송어도 깜짝 놀랐다.
"어제, 별조개가 바비를 찾아왔었다구?"

"네, 어제, 조용히 저를 찾아와 '물빛의 노래'를 가르쳐 주고는 어느 순간 사라졌어요."

"바비야, 그렇다면, 너는 믿진 않겠지만,
어제 너를 찾아온 별조개가 바로 이 친구가 맞을 거야."

"뭐, 뭐라구요. 이 별조개가 어떻게?"
"그건, 나중에, 시간이 지나면, 차차 알게 될 거야,
이 별조개는 마법을 부르는 신비로움을 지니고 있어."

"마, 마법요? 진짜요?"
그는 별조개 껍데기를 손바닥(지느러미) 위에 올려놓았다.
희미한 금빛 점들이 표면에 반짝였다.

"이건 밤이 되면 별무늬가 피어나.
조용히 빛을 내며, 길을 잃은 물고기에게 방향을 알려주지."

바비는 감탄했다.
"와아… 진짜 반짝거려요! 이건 마치 작은 별 같아요."
황금송어는 살짝 웃으며 고개를 다시 한번 끄덕였다.
"그래. 나도 바다 한가운데서 외로울 때, 이 조개 빛을 보며 고향을 떠올렸단다."

바비는 조개를 두 손으로 꼭 끌어안았다.
"저한테 주시는 거예요?"
"그럼."
황금송어가 고개를 끄덕였다.

"언젠가 네가 다시 고향으로 돌아갈 때가 올 거야. 그때 이 별조개를 보며 오늘을 기억하렴. 강이든 바다든, 너는 어디서든 사랑받는 존재라는 걸…."

바비의 눈동자가 반짝였다.
"사랑받는 존재…." 그는 조용히 속삭였다.

옆에서 장군숭어가 피식 웃으며 말했다.
"그 말, 나도 어릴 때 들었지. 근데 그땐 '사랑'보다 '수영법'을 더 빨리 배웠다."

황금송어가 킥킥 웃었다.
"그 결과가 지금의 근육 장군이지."
"허허, 이 근육은 사랑의 결실이다."

"네, 꼬리 근육 사랑하시잖아요."
누치 형도 새초롬하게 끼어들었다.

"누치 이 녀석은 농담의 타이밍이 참 좋아."
"감사합니다, 장군님. 오늘은 유머 수업 2단계입니다."

장군숭어와 황금송어의 농담 속에서
바비는 조용히 고개를 숙였다.

그의 작은 손에는 황금송어가 전해준
별조개가 꼭 쥐어져 있었다.

"나중에 크면…."

그는 살짝 미소 지으며 말했다.

"나도 아기 물고기를 도와줄래요.

장군 아저씨처럼, 황금송어 님처럼."

순간, 장군숭어와 황금송어가 동시에 웃음을 터뜨렸다.

"하하하! 그래, 약속했다!"

"그럼 난 바비의 '명예 멘토'로 등록할게."

"그럼 전 '어드바이저 1호'요."

"그럼 저는…." 바비가 당당히 말했다.

"'초보지만 열정형!'으로 갈게요!"

모두가 웃음을 터뜨렸다.

초록강의 밤이 그 웃음소리에 반짝였다.

그날 밤, 강 위로 별빛이 내렸다.

바비의 손에 쥐어진 조개껍데기가 은은히 빛났다.

그 빛이 물결을 타고 번져나가자, 잘피숲이 흔들리고,

작은 새우와 게, 물고기들이 조용히 고개를 들어 그 빛을 바라보았다. 그건 마치 초록강 전체가 바비의 '첫 약속'을 축하하는 듯한 장면이었다.

장군숭어가 낮게 말했다.

"저 빛… 마치 별이 강에 내려온 것 같군."

황금송어가 부드럽게 웃었다.

"아니, 저건 바비가 처음으로 만들어 낸 '마음의 빛'이죠."

그날 밤, 초록강은 별빛처럼 반짝였다.

강물은 잔잔히 노래했고, 별조개는 부드럽게 빛을 내며, 하나의 약속을 새겨 넣었다.

"물은 기억한다.

작지만 진심 어린 약속이, 세상을 바꾸는 첫 물결이 된다는 걸."

멀리서, 조그만 바닷물고기 하나가 살짝 튀어 오르며 속삭였다.

"우리도… 가족이야."

제24화.

아빠의 등 위에서 바비는 울었다

초록강의 물결이 햇살을 머금은 오후였다.

바비는 오늘도 혼자서 산책하듯 유영 중이었다.

물풀 사이를 지나며 스스로 중얼거렸다.

"흐름을 읽는 법, 속도를 조절하는 법… 완벽해. 이제 나는 거의 전문가야."

그때였다.

쾅!

"으앗!"

바비의 몸이 그대로 뒤집혔다.

바로 눈앞, 미처 보지 못한 바위 하나가, 그의 지느러미를 세게 때렸다.

강한 충격이 온몸으로 퍼졌다. 숨이 막혔다.

강물은 점점 거세졌고, 몸은 바위틈에 끼어버렸다.

"아… 안 움직여져…."

주변은 고요했다.

잘피숲의 속삭임도, 작은 새우들의 '딱딱'거림도 들리지 않았다.

대신 멀리서, 쿵…쿵… 무언가 거대한 게 다가오는 소리.

물살이 흔들리고, 바비 위로 그림자가 덮쳤다.

"끝인가…."

바비가 눈을 감으려는 그 순간—

"바비야!!!"

번개처럼 강을 가르며 다가오는, 익숙한, 세상에서 가장 따뜻한 목소리.

아빠였다.

아빠 산천어는 숨소리조차 거칠지 않았다.

단 한 번의 망설임도 없이, 몸을 돌려 바위틈으로 파고들었다.

“꽉 잡아! 움직이지 마!”

거센 물살이 아빠의 몸을 내리쳤다.

바위에 긁혀 비늘이 벗겨지고, 꼬리가 찢어졌지만— 아빠는 멈추지 않았다.

그의 꼬리지느러미가, 바위에 끼인 바비를 향해 여러 번 부딪혔다.

퍽, 퍽, 퍽!

마침내, 바비의 몸이 바위틈에서 빠져나왔다.

그리고 바비는 휘청이며 아빠의 등 위로 떨어졌다.

“아빠…!”

아빠는 아무 말도 하지 않았다.

다만, 묵직한 물살을 거슬러, 거친 흐름을 역행하기 시작했다.

아빠의 등 위에서, 바비는 처음으로 울었다.

“아빠… 바비는… 아빠가 아니었으면 지금쯤, 바위틈에 껴서

죽었을 거예요?”

바비의 목소리는 울먹였고,
물속의 눈물은 조용히 흩어졌다.

아빠는 고개를 돌리지 않았다.
그의 목소리는 낮고, 단단했다.

“바비야.
넌 내가 살아가는 이유야.”

물살이 부서졌다.
그 말은 바비의 가슴에 파도처럼 스며들었다.

“네가 있는 게…
내가 존재하는 이유야.”

바비는 그제야 눈을 감았다.
아빠의 등은 상처투성이였지만, 세상 그 어떤 둥지보다 따뜻했다.

다음 날, 초록강 위로 햇살이 퍼졌다.

바비는 둥지 밖에서 조용히 헤엄 연습을 하고 있었다.

장군숭어가 지나가다 멈춰 섰다.
"어이, 꼬마. 오늘도 훈련이냐?"

"네! 오늘은 '흐름 거꾸로 타기 3단계'예요!"

황금송어가 웃었다.
"바비 너, 어제 그 사고 이후로 더 강해진 것 같네?"

바비는 씩 웃었다.
"전 이제 아빠의 등에만 기대지 않아요. 이젠 제 꼬리로 흐름을 잡을 거예요."

장군숭어가 고개를 끄덕였다.
"그래, 진짜 전사들은 자기 방향을 아는 법이지."

그날 밤, 바비는 조개껍데기를 꺼내 들었다.
작은 조개껍데기 위로 별무늬가 떠올랐다.

그 빛이 그의 얼굴에 닿았다. 바비는 속삭였다.
"아빠의 등은 나의 시작이었어. 하지만 내 꼬리는, 내가 걸어갈

길이야.”

물결은 그 말을 들은 듯, 조용히 흔들리며 대답했다.

“물은 기억한다.
사랑은, 가장 강한 물살 속에서도 흐름을 잃지 않는다.”

제25화.

흐르는 건 시간만이 아니다 사랑도 용기도 기억도 함께 흐른다

햇살은 반짝, 물결은 찰랑, 그리고 바비는….

“하나, 둘, 셋! 폭포까지 전속력~!!”

힘차게 물살을 가르며 질주했다.

오늘도 ‘자칭’ 초록강 대표 스피드 왕의 훈련 시간이었다.

그런데—

“응? 강바닥이… 반짝거린다?”

물 밑 어딘가에서 미세한 금빛이 깜빡였다.

처음엔 눈의 착각인 줄 알았지만, 아니었다. 빛은 점점 커지고 있었다.

바비는 호기심에 꼬리를 살랑살랑 흔들며 다가갔다.

"설마… 숨겨진 보물?"

물고기판 해적왕이라도 된 기분이었다.

하지만 가까이 다가가자, 보물 상자 대신, 커다란 원형 문양이 눈앞에 나타났다.

"뭐야, 이건 또?"

그 문양의 한가운데, 바비가 받은 별조개 모양과 똑같은 무늬가 새겨져 있었다.

"설마 이게… 짝꿍 아이템?"

그 순간, 품속의 조개껍데기가 또르르 굴러 나왔다.

그리고… 번쩍!

"으아아! 눈부셔!"

조개껍데기가 빛을 발하며, 강 전체가 황금빛으로 물들었다.

강바닥이 흔들리며 천천히 갈라졌다.

그 아래에서 빛나는 제단이 모습을 드러냈다.

물고기 역사상 이런 건 처음이었다.

“이거… 진짜 보물이잖아!!”
바비가 감탄하는 사이,
제단 위의 문양이 하나둘 살아 움직였다.

그리고—
별조개에서 잔잔한 목소리가 흘러나왔다.
“바비, 네 눈물은 이 강의 기억이 되었단다.”
“에? 누, 누구세요?”
“나야. 너의 조개, 아니— 네 친구, 별조개.”
바비는 입을 벌렸다.
“아! 별조개?!”

“원래는 먼저 말 안 거는데, 네가 하도 시끄럽게 물속에서 떠드니까 깨어났지.”
“앗, 죄송….”
바비는 얼굴을 붉혔다.

별조개는 부드럽게 웃었다.
“괜찮단다, 꼬마야. 네 울음이 이 강을 깨웠어.
생명을 잇는 자여, 물의 노래를 기억하라.”

“바비야아아!!”

물살을 가르며 익숙한 목소리가 들려왔다. 아빠 산천어였다.
"또 무슨 일이냐! 네가 있는 곳만 가면 강이 뒤집혀!!"

"아, 아빠! 이건 제 잘못이 아니라요, 조개가 노래했어요! 제단이 깨어났어요! 강이 저한테 말을 걸어요!!"

"…그래, 아빠는 일단 숨 좀 고를게."

황금송어와 장군숭어도 달려왔다. 황금송어는 눈을 찡긋하며 말했다.
"보세요 장군숭어 님. 내가 이 강이 심상치 않다고 했지요?"

장군숭어는 팔짱(지느러미짱)을 끼며 말했다.
"이게 심상치 않다고? 이건 거의 '물판 블록버스터' 수준인데?"

그 순간, 제단이 다시 한번 빛을 발했다.
빛줄기가 하늘로 뻗어 오르며, 강 전체가 노래하기 시작했다.

"흐르는 건 시간만이 아니다,
사랑도, 용기도, 기억도 함께 흐른다."

누치 형제, 페페, 작은 게, 심지어 수달 형제까지

모두 그 노래에 맞춰 출렁였다.

“우와… 강이 노래해요!”
바비가 눈을 반짝였다.

아빠 산천어는 조용히 미소 지었다.
“그래, 바비야. 물은 기억해.

네가 흘린 눈물도, 네가 웃은 날도,
이 강이 다 기억하고 있단다.”

빛이 서서히 사라지고,
초록강은 다시 평화를 되찾았다.

바비는 별조개를 꼭 안았다.
“저, 이 강을 지킬게요. 이건 이제 제 약속이에요.”

황금송어가 피식 웃으며 말했다.
“좋지. 그럼 너는 이제 ‘초록강 공식 수호대 1호’다.”

장군숭어가 거들었다.
“그럼 난 ‘명예 고문’이지.”

누치 형제가 손을 번쩍 들었다.
“저희는 ‘홍보 담당’ 맡을게요!”

“저는… 응원단!” 페페가 깡충 뛰었다.

바비는 웃었다.
“좋아요! 초록강 팀, 결성~!!”

그날, 초록강은 오랜 잠에서 깨어났다.
모든 생명이 한목소리로 속삭였다.

“물은 기억한다.
그리고 그 기억이, 다시 생명을 부른다.”

물결 위로 별빛이 내려앉고,
강 전체가 하나의 노래처럼 흔들렸다.

바비의 웃음이 그 물결에 실렸다.

“흐르는 건 강물이 아니라, 우리들의 이야기.”

제26화.

초록강 하구를 떠나며

초록강 하류는 안전하지 않았다.

바닷물 냄새가 짙게 섞인 탁한 물, 이따금 나타나는 낯선 바닷고기들의 그림자.

"이제 떠나야겠어." 황금송어의 목소리는 단단했다.

"산천어 마을이 좀 더 가까운 쪽, 초록강 상류로 올라가자. 그곳은 아직 물이 맑아."

바비는 놀란 눈으로 물었다.

"초록강 상류요? 거기까지 헤엄치면 꼬리 빠질 텐데요…."

황금송어가 웃었다.

“그 꼬리, 한 번쯤 써먹어야지. 너 이제 초록강 공식 탐험대 아니야?”

아빠 산천어도 웃음을 터뜨렸다.

“그래, 훈련할 때마다 꼬리 자랑하더니… 딱이네.”

바비는 입을 삐죽 내밀었다.

“휴… 알겠어요. 근데 이번엔 제가 맨 앞에 설 거예요!”

초록강 하구의 아침은 유난히 반짝였다.

햇살은 수면 위에서 춤추고, 물풀은 작별 인사를 하듯 흔들리고 있었다.

바비가 꼬리를 흔들며 말했다.

“아빠, 우리 진짜 떠나는 거예요?”

“그래, 바디 냄새가 너무 짙어. 이젠 상류로 가야지.”

황금송어가 덧붙였다.

“그리고—” 그가 장군숭어 쪽을 향해 고개를 돌렸다.

“작별 인사를 빼놓을 수는 없지.”

"모두 집합! 오늘은 공식 이별식이다!"
장군숭어의 목소리가 강바닥을 울렸다.

그 옆엔 누치와 굴 사장, 페페, 그리고 수많은 초록강 친구들이 모여 있었다.

페페가 마이크를 잡았다.
"에헴, 오늘의 주인공은 바로~ 폭우 생존자! 초록강 MVP!
꼬마 산천어 바비와 그 가족입니다!"

물고기들이 일제히 "와아~!" 하며 지느러미 박수를 쳤다.

바비는 얼굴이 빨개졌다.
"그… 그 정도는 아니에요. 그냥 좀… 떠밀렸을 뿐이고…."

누치가 장난스럽게 말했다.
"그래도 네가 덕분에 깡붕파 리턴즈가 해체됐잖아! 전설의 산천어지, 산천어!"

장군숭어가 진지하게 말했다.
"나 장군숭어는, 바비 일행에게 초록강 명예 수호대 칭호를 수여한다."

그는 조개껍질로 만든 명예 배지를 내밀었다.

"초록색은 용기, 금빛 줄무늬는 우정, 그리고…."

페페가 끼어들었다.

"…그리고 디자인은 내가 했다네. 인스타에 올리면 반응 좋을 걸?"

모두 폭소가 터졌다.

물결이 일렁이고, 거품이 터졌다.

페페가 작게 손가락(아니, 물갈퀴)을 흔들며 말했다.

"헤이, 바비! 가기 전에 이거 가져가."

그가 꺼낸 건 잘피잎으로 만든 도시락이었다.

"정성껏 싸봤어. 메뉴는 플랑크톤 김밥이야."

"헉, 플랑크톤 김밥? 그거 씹히긴 해?"

"안 씹혀. 그냥 기도하면서 삼키면 돼."

"…감동이야, 페페."

"먹다가 울지 마라. 내가 간 맞추느라 울었다."

이제 떠날 시간.

물살은 잔잔하게 흘렀고, 바비는 마지막으로 장군숭어를 바라봤다.

"장군님, 진짜 고마웠어요."

"이봐 꼬마, 강이란 게 그렇다.

흐름은 다르지만, 결국 다 만나는 법이지."

누치 형이 뒤에서 외쳤다.

"야! 감동적인 대사하니까 배경 음악 깔아줘요!"

페페가 재빨리 조개껍질을 두드리며 노래를 흥얼거렸다.

"뚜루루~ 초록강 발라드~♬"

바비가 웃음을 터뜨렸다.

"다음에 꼭 다시 만나, 페페!"

"당연하지! 초록강 신용 카드 회원은 평생 무료입장이다!"

황금송어가 고개를 들어 말했다.

"바비가 좋은 친구들을 뒀구나."

"네! 근데… 왜 눈이 좀 반짝이세요?"

"물속이라 그래. 눈물 아니야, 물이 튄 거야."

아빠 산천어가 미소 지었다.

"그래, 물도 마음도… 다 연결돼 있지."

장군숭어가 손을 흔들었다.

"초록강 히구의 문은 언제나 열려 있다! 다시 돌아오면… 단체 회식이다!"

"단체 회… 식이요?"

"물풀 튀김에 플랑크톤 김밥이지!"

모두 웃으며 손을 흔들었다.

황금송어가 조용히 말했다.

"이제 가자. 상류의 길이 기다리고 있어."

바비는 뒤를 돌아보며 작게 속삭였다.

"고마워, 친구들… 사랑해요."

그 순간, 물살이 부드럽게 흔들렸다.

마치 강 전체가 "나도 사랑해."라고 답하는 듯했다.

"흐름은 멀어져도, 마음은 남는다.

강은 기억한다. 웃음도, 눈물도, 그리고 작별의 약속도."

제27화.

초록강 상류로 향하다

그들은 초록강 상류를 향해 물살을 타기 시작했다.

깊어지는 강물, 곳곳에 숨은 소용돌이, 수초 속에서 은근슬쩍 구경하는 물고기들의 눈빛까지—

“저기, 우리 감시당하는 거 아니죠?”

“괜찮아.” 황금송어가 대답했다.

“저 시선 중 절반은 ‘저 금빛은 뭐야?’,
나머지 절반은 ‘저 꼬마 귀엽네’.” 였다.

바비가 얼굴을 붉혔다.

“귀, 귀엽다고요? 전 용감한 산천어예요!”

그들의 웃음소리가 물속에서 거품처럼 흘러나왔다.

얼마나 헤엄쳤을까.

탁했던 물빛이 서서히 투명해지고, 햇살이 강바닥까지 닿기 시작했다.

이끼 낀 바위, 부드럽게 흔들리는 수초,

그리고 물안개 사이로 드러나는 새로운 풍경.

“우와… 여긴 완전 다른 세상이네요.”

바비가 감탄하며 꼬리를 흔들었다.

“초록강의 진짜 심장부지.”

황금송어가 조용히 말했다.

그러나 그때—

물살이 이상하게 멈추었다.

주변 물고기들이 동시에 몸을 움찔했다.

“저건… 뭐죠?”
바비가 속삭였다.

황금송어의 눈빛이 깊어졌다.
“조용히 해, 대왕잉어가 온다.”

물결이 천천히 갈라졌다.
그 속에서 거대한 그림자가 다가왔다.
빛과 어둠이 엇갈리며 강 전체가 출렁였다.

“오… 이건 거의… 고래 사이즈인데요?”
바비의 눈이 동그래졌다.

등에는 구릿빛과 은빛이 섞인 비늘,
눈빛은 마치 오래된 강의 기억을 품은 듯 깊었다.

황금송어가 앞으로 나섰다.
“존경하는 대왕잉어 님, 이들은 제 가족입니다.
초록강 하류에서 힘겹게 올라온 산천어 가족이에요.”

대왕잉어는 잠시 그들을 바라보았다.
그리고 낮고 묵직한 목소리로 말했다.

"눈이 맑구나.

물에 젖지 않은 마음을 가진 자는 드물지.

이곳은 그런 자들을 반기는 초록강 상류다. 환영한다!"

그는 천천히 고개를 들어 주변의 크고 작은 물고기들에게 말했다.

"이들은 내 손님이다. 누구든 이들을 공격하려면… 나를 먼저 상대해야 할 것이다."

그 한마디에 초록강 상류가 숨을 죽였다.

잔잔하던 수초까지 얼어붙은 듯 조용해졌다.

아빠 산천어가 떨리는 목소리로 말했다.

"황금송어… 네가 아니었다면 우린 여기까지 오지 못했을 거야."

황금송어는 미소 지으며 답했다.

"예전에 나도 어떤 이에게 목숨을 구했지. 그때 결심했어. 나도 언젠가 나른 이를 돕겠다고.

아마 오늘이 그날인 것 같아."

바비는 그 말을 듣고 고개를 갸웃했다.

"그럼… 아빠가 나 구하던 날처럼요?"

"그래, 네 아빠처럼."

바비는 살짝 미소 지었다.

"그럼 저도 언젠가 누군가를 구해야겠네요. 아, 근데 그 전에 근육 좀 키워야겠다…."

아빠 산천어가 웃으며 머리를 쓰다듬었다.

"그 마음이면 충분하다, 바비야."

그날 밤, 초록강 상류의 물은 별빛을 받아 조용히 빛났다.

바비는 물결 위를 바라보며 속삭였다.

"이제 조금은… 강이 내 친구가 된 것 같아요."

그리고 멀리서 대왕잉어의 목소리가 들려왔다.

"흐름을 거슬러야 진짜 강이 보인다."

초록강의 여정은 끝나지 않았다.

그 물길 어딘가에서, 새로운 모험이 조용히 시작되고 있었다.

제28화.

인간들의 강, 변해버린 세상

물길이 점섬 깊어졌다.

초록강의 상류를 따라 오르던 바비 일행은 어느 순간, 물의 색이 달라진 걸 느꼈다.

“형… 물이 왜 이래요? 초록빛이 아니라 회색이에요.” 바비가 코를 찡그렸다.

“냄새도 이상해요. 콧구멍이 뒤집어질 것 같아요.”

누치 동생이 툴툴댔다.

“이건 냄새가 아니라 ‘문명’이란 거야, 인간들이 사는 물이지.”

“인간들이요? 그럼 여긴… 인간들의 강이에요?”

“그래. 그들이 만든 강. 콘크리트로 만든 수로, 철로 만든 다리, 그리고….”

그는 고개를 돌려 물 위를 바라봤다.

“기름으로 만든 하늘.”

연기가 물 위에 내려앉고 있었다.

물새 한 마리가 날갯짓을 하다 곧 기름막에 부딪혀 미끄러졌다.

그 한 장면에 바비의 눈동자가 흔들렸다. “저건… 숨을 못 쉬잖아요.”

누치 동생이 깊은 목소리로 말했다.

“그래. 저건 강이 아프다는 거야.”

바비는 잠시 말을 잃었다.

그때, 강가에서 인간 아이들의 웃음소리가 들려왔다.

“와, 물고기다! 던져 던져!”

그들의 손에는 빵조각이 들려 있었다.

한 아이가 웃으며 물에 던졌다.
바비가 깜짝 놀라 숨었다.

"누치 형! 저거 폭탄이에요?"

"아니야. 인간들이 물고기들에게 먹을 걸 주는 거야."

하지만 그 순간—
빵조각과 함께 플라스틱 조각이 함께 떠내려왔다.

"이건 뭐예요?"

"저건… 그들이 만든 쓰레기야."

누치 형이 조용히 말했다.
"인간들은 좋은 것도, 나쁜 것도 함께 흘려보내지."

그때 바비가 고개를 들었다.
멀리 강둑 위, 거대한 구조물이 보였다.

"저건 뭐예요? 강이 막혀 있어요."

"댐이다. 인간들이 물길을 막고, 흐름을 저장해 두는 곳이지."

바비가 중얼거렸다.
"흐름을 멈춘 강… 그럼 강의 기억은 어디로 가는 거지?"

그때 곁에 있던 황금송어가 말을 이었다.
"기억은 사라지지 않는다. 단지 울지 못할 뿐이지."

바비는 그 말을 곱씹었다.
'울지 못하는 강이라니… 그건 너무 슬퍼요.'
그는 천천히 물 위를 올려다봤다.

연기, 소음, 콘크리트의 그림자 사이로—
한 줄기 물빛이 미약하게 반짝이고 있었다.

그건 마치 오래전 마법사가 말했던 '기억의 빛' 같았다.

바비는 속삭였다.
"그래도 아직, 강은 살아 있죠?"

황금송어는 조용히 미소 지었다.
"그래. 흐름이 있는 한, 강은 죽지 않아. 다만… 다시 노래를 배워야 할 뿐이야."

누치도 코를 벌름이며 말했다.

"좋아! 그럼 우리가 가르쳐주면 되겠네요. '초록강 합창단' 출범이닷!"

"형, 합창단이라니. 누가 지휘해요?"

"물론 나지!"

"형은 음정이 없잖아요."

"그건 개성이라고 불러!"

모두가 깔깔 웃었다.

하지만 그 웃음 속엔 묘한 결의가 있었다.

언젠가, 인간들도 다시 이 강의 노래를 들을 수 있길—

그날 밤, 달빛은 잿빛 강물 위로 천천히 흘렀다.

그리고 그 속에서, 아주 희미한 노래가 들려왔다.

"흐름은 잊지 않았다… 기억은 아직, 물속에 머물러 있다."

"강은 인간의 그림자를 품고, 인간은 강의 기억을 잊는다.

하지만 흐름은 언젠가 다시 만난다."

제29화.

이상한 물고기들

초록강 상류.

공기는 맑았지만, 물속 공기는 묘하게 달랐다.

조용하고, 느리고, 어딘가 눅눅했다.

"흐음… 여긴 좀 이상해요."

바비가 코(아니, 아가미)를 찡그리며 말했다.

강바닥을 보니, 물고기들이 죄다 축 늘어져 있었다.

지느러미는 부어 있고, 눈빛은 혼탁했다. 꼬리로 휘적휘적하는 것도 힘겨워 보였다.

"어…? 저, 저 친구 지느러미 좀 봐? 퉁퉁 부었잖아?"
아빠 산천어가 놀라 말했다.

바비가 슬며시 속삭였다.
"아빠… 혹시 좀비 물고기 아닐까요?"

"아니야, 바비야."
아빠 산천어가 진지하게 말했다.
"이건… 좀비가 아니라, 병이야."

그때, 물풀 뒤에서 낮고 쉰 목소리가 들렸다.
"에헴, 말로만 들었는데 진짜 왔군. 그 산천어 가족."

모두 고개를 돌리자,
비늘이 반쯤 벗겨진 참붕어 할아버지가 느릿하게 다가왔다.

바비가 깜짝 놀랐다.
"우와… 선생님! 연세가… 얼마나 되셨어요?"

"글쎄다, 물살로 치면 3,000번은 흘러봤지."

"우와, 물고기판 공룡이잖아요!"

참붕어가 흐흐 웃었다.

"공룡이라… 옛날엔 나도 청춘인 때가 있었지.

지느러미 한 번 휘두르면 붕어 세 마리는 날아갔거든."

옆에서 황금송어가 웃음을 터뜨렸다.

"그럼 지금은요?"

"지금은 꼬리 휘두르면 허리 나가."

모두 '푸하하하!' 웃음을 터뜨렸다.

하지만 웃음은 곧 잦아들었다.

참붕어의 얼굴이 진지해졌기 때문이다.

"웃음은 잠깐이야." 참붕어가 낮게 말했다.

"이 강이 아프다네."

"아프다니요?"

황금송어가 물었다.

"위쪽, 인간들이 사는 공장에서… 자꾸만 이상한 물이 흘러들어와.

냄새도, 빛깔도… 예전엔 없던 것들이지.”

“공장에서요?” 아빠 산천어가 물었다.

참붕어는 고개를 끄덕였다.

“그래, 그 공장에서 내뿜는 ‘폐수’라는 녀석.

그게 흘러들면 초록강이 숨을 못 쉬지. 물고기들도 함께 병들고….”

그는 힘없이 웃었다.

“나도 이제 오래 못 버틸지도 몰라.”

바비의 눈이 동그래졌다.

“그럼 병원 가면 안 돼요? 물고기 병원!”

황금송어가 씩 웃었다.

“있긴 하지. 이름이 ‘자연’이야.”

“자연이요?”

“그래. 자연이 회복되면, 강도 함께 치료돼.

근데 지금은 그 ‘의사 선생님’이 아프신 것 같아.”

바비는 고개를 숙였다.

"그럼 우리가 자연 선생님을 도와드리면 되겠네요."

모두 놀라 바비를 바라봤다.

"그래… 그렇구나."

아빠 산천어가 미소 지었다.

"네 말이 맞아, 바비야."

그날 밤,

별빛이 강 위로 내려앉았다.

황금송어가 조용히 말했다.

"이건 그냥 병이 아니야. 자연이 우리에게 보내는 신호야."

아빠 산천어가 고개를 끄덕였다.

"그래. 이제 우리가 해야 할 일은 단 하나!"

바비가 팔(지느러미)을 번쩍 들었다.

"강을 치료하기! 초록강 회복 프로젝트 개시~!!"

대왕잉어가 어디선가 나타나 말했다.

"좋다! 내가 구호팀을 지원하지!"

누치 형제가 입 모아 덧붙였다.
"난 정찰 담당!"

바비는 깡충 뛰며 외쳤다.
"그럼 난 간식 담당! 우리의 에너지 보급 담당!"

황금송어가 웃음을 터뜨렸다.
"그래, 간식도 중요하지."

모두가 웃었다.
그리고 강물 위로 퍼져 나간 그 웃음은, 오랫동안 사라지지 않았다.

그날 밤, 초록강 상류의 달빛은 조금 더 환했다.
병든 물고기들은 여전히 아팠지만, 그들의 주위에는 희미한 희망의 기운이 피어올랐다.

"물은 기억한다.
상처도, 웃음도, 그리고 다시 피어나려는 마음도."

제30화.

기이한 소문

초록강 상류의 오후.
햇살은 고요히 물결 위를 쓰다듬고 있었지만,
누치 형제는 오늘따라 이상하게 심각했다.

누치 형이 수초 사이를 들락거리다 불쑥 말했다.
“야, 너 소문 들었어?”

“또요? 지난번엔 ‘붕어 깡패가 다이어트 중’이라더니.”
누치 동생이 킥킥 웃었다.

“이번엔 진짜라니까!”

누치 형의 눈이 반짝였다.

"강 위쪽에서 이상한 냄새가 계속 난대. 근데 그냥 썩은 냄새가 아니래!"

"그건 우리 형이 어제 방귀 뀐 냄새 아니에요?"

누치 동생이 툭 던지자 주변 물고기들이 푸하하 웃었다.

"야! 진지하게 들어!"

누치 형이 분노의 꼬리 휘두르기 모션을 취했다.

"그 냄새 나는 구역에 사는 물고기들이 하나같이 이상해졌대. 비늘이 벗겨지고, 눈이 하얗게 흐려지고…."

그제야 분위기가 달라졌다.

황금송어, 아빠 산천어, 바비 모두 얼굴이 굳었다.

"그게… 자연스러운 병은 아닌 거지?"

아빠 산천어가 조심스레 물었다.

"응. 문제는 그게 인간 세상에서 온 거래."

누치 동생이 속삭였다.

"위쪽 산 너머 마을에 있는 '공장'이라는 데서 뭐가 흘러온대…,

밤마다 트럭이 몰래 와서 뭔가를 쏟아붓는다고 하던데?"

"쏟아붓는다니…?"

바비가 눈을 동그랗게 떴다.

"혹시… 고래밥?"

"고래밥은 과자야, 이 꼬마야."

황금송어가 웃었다.

"이건 더 심각한 거야. 공장 폐수, 오염된 물."

누치 형이 낮게 말했다.

"그쪽 애들이 그걸 '검은 입구'라고 부르더라?"

"검은 입구?"

바비가 몸을 덜덜 떨었다.

"이름부터 완전 무섭잖아요! 무슨 괴물 나오는 곳 같아요!"

누치 동생이 말했다.

"형, 혹시 진짜 괴물 나오는 거 아냐?
이름이 '슬라임 메기' 뭐 그런 거?"

"아니면 '공장 고질라'?"
바비가 덧붙였다.

황금송어는 깊은 한숨을 내쉬며 말했다.
"괴물보다 무서운 게 있단다. 인간의 욕심이지."

순간, 초록강 전체가 잠잠해졌다.
잔잔한 물결 소리조차 조용히 그쳤다.

잠시 후, 굴 사장이 신문을 들고 나타났다.
"긴급 속보! 초록강 탐정단 소집!"

"탐정단이요?" 바비가 눈을 반짝였다.
"저, 추리 좋아해요! 범인은 꼭 마지막에 웃는 법이죠!"

황금송어가 웃으며 말했다.
"좋아. 그럼 네가 '바비 셜록'이야."

대왕잉어가 나타나, 팔짱을 끼며 말했다.
"그럼 나는 뭐냐? 물속 왓슨인가?"

"아니요. 물속 왓슨은 누치 형이에요."
바비가 진지하게 대답했다.

"왓슨은 늘 옆에서 놀라잖아요."
"어이, 얘 봐라. 말은 참 빠르네."

누치 형제가 동시에 피식 웃었다.
그렇게 초록강 역사상 최초의 '초록강 탐정단'이 결성되었다.

아빠 산천어가 조용히 말했다.
"우리, 가보자."

"어디로?" 황금송어가 물었다.

"그 '검은 입구'. 정말 괴물이 사는 건지,
아니면 괴물보다 더 나쁜 게 사는 건지… 직접 봐야겠어."

바비가 꼬리를 흔들며 외쳤다.
"좋아요! 그럼 작전명은 '검은 입구 대탐험!'"

누치 형제가 동시에 손을 들었다.

"작전 시작 전에 간식 먹고 가자!"

대왕잉어가 중얼거렸다.

"역시 전쟁 전에 밥은 먹어야지…."

모두가 웃음을 터뜨렸다.

그러나 그 웃음 속에는 살짝 스며든 불안이 있었다.

초록강의 물은 여전히 흐르고 있었다.

하지만 그 물속 어딘가— 보이지 않는 어둠이 천천히 번지고 있었다.

그날 밤, 초록강의 별빛은 어딘가 낯설게 깜빡였다.

작은 물고기들의 모험은 시작됐지만,

그들이 마주할 진실은 생각보다 깊고, 무거웠다.

"물은 기억한다.

그리고 언젠가, 그 기억은 세상 위로 떠오른다."

제31화.

불길한 예감 : 강의 어둠 속에서 무언가 꿈틀거렸다

이틀째 흐린 물빛.
햇살은 수면 위를 스쳐 지나가기만 하고,
강 속은 마치 누군가의 한숨이 젖어 있는 듯했다.

조개들은 입을 꼭 다물었다.
"오늘은 서비스 안 합니다." 모드였다.

평소 잘 돌아다니던 실뱀장어 무리도
온데간데없이 사라졌다.

"아빠… 오늘 강이 좀 이상해요."

바비가 조심스럽게 물었다.

아빠 산천어는 잠시 눈을 감았다가,
물살 위로 떠오르는 무언가를 집어 들었다.

그건… 검은색 덩어리였다.
끈적하고 냄새는 코를 찌를 만큼 역했다.

"…폐수 찌꺼기다." 바비가 코(아가미)를 막았다.
"우웩! 이건… 썩은 붕어 젤리 냄새보다 더 심해요!"

옆에서 구경하던 붕어들이 화들짝 놀랐다.
"야! 붕어 젤리 맛있거든!"

"조용히 해, 지금 분위기 안 좋아."

황금송어가 찌꺼기를 뚫어지게 바라보았다. 지느러미가 미세하게 떨렸다.
"이건 단순한 오염이 아니야."

"그럼… 누가 일부러 버렸단 말이에요?"
바비의 목소리가 떨렸다.

“그래.” 황금송어의 눈빛이 차가웠다.
“누군가 이 강을 죽이려 하고 있어.”

그때, 멀리서 작은 파문이 일었다.
“저기 봐!” 누치 형이 외쳤다.

물 위로 은빛 거품이 떠올랐다.
‘뻐억, 뻐억’— 마치 숨 막히는 소리처럼.

“예전에도 저런 일이 있었어….” 참붕어가 떨리는 목소리로 말했다.
“폭우 오기 직전에.”

아빠 산천어의 표정이 굳었다.
“…폭우라.”

황금송어가 물결 위로 시선을 던졌다.
“만약 이번에도 그런 비가 내리면, 그 검은 물질이 한꺼번에 강 전체로 퍼질 거야.”

바비는 불안한 눈으로 아빠를 올려다봤다.
“그럼 초록강이 병들어요?”

아빠 산천어는 고개를 끄덕였다.

"그래. 이번엔 우리까지도 위험해질 수 있어."

그날 밤, 초록강은 숨을 죽였다.

평소 떠들썩하던 수초 숲의 새우들도 조용했고, 굴 사장조차 '개굴' 한 번 하지 않았다.

아빠 산천어는 물 위로 천천히 떠올라 하늘을 바라보았다.

"달빛이 탁해졌구나…."

황금송어가 곁으로 다가왔다.

"이건 단순한 재해가 아니야. 어쩌면 인간 세상의 그 '검은 입구'와 연결되어 있을지도 몰라."

아빠는 고개를 끄덕였다.

"그래서 우리가 가서 확인해야 해. 이 강이 왜 병들기 시작했는지— 직접 눈으로 봐야겠지."

바비가 살짝 아빠 옆으로 다가왔다.

"아빠, 무서워요. 하지만… 같이 갈게요."

아빠가 바비의 머리를 쓰다듬었다.

“그래, 우리 모두가 함께하면 어떤 물살도 헤쳐 나갈 수 있을 거야.”

그날 밤, 초록강의 물결은 무겁게 흘렀다.

어디선가 작은 불빛이 일렁였고, 강의 어둠 속에서 무언가 꿈틀거렸다.

“물은 기억한다.

하지만 이번엔… 기억만으로는 지켜낼 수 없다.”

제32화.

초록강의 독극물 오염

장마가 며칠째 그칠 줄 몰랐다.

하늘은 쏟아내기 대회라도 열린 듯, 강물은 이미 제 한계를 넘어 있었다.

평소엔 잔잔하고 푸르던 초록강 상류도,

이날만큼은 완전히 미쳐 있었다.

"형, 이러다 강이 산으로 가겠어요!"

누치 동생이 외쳤다.

누치 형도 물살을 헤치며 대답했다.

"그래도 순찰은 멈출 수 없지! 이 강은 우리가 지켜야 할 고향이니까!"

말끝은 멋있었지만,
그의 꼬리는 이미 세 바퀴 반이나 꼬였다.

"형, 근데 냄새 안 나요?" 누치 동생이 코(아가미)를 찡그렸다.
"비린내도 아니고, 썩은 내도 아니고…."

그때였다.
강 한가운데서 갑자기 스르르— 이상한 기운이 퍼지기 시작했다.

"으윽… 숨이 막혀…."
누치 동생이 휘청거렸다.

곧이어 황금송어가 번개처럼 달려왔다. 지느러미가 바람처럼 날카로웠다.
"멈춰! 다들 물러서!! 이건 독극물이야!!!"

그녀의 외침이 끝나기도 전에,
작은 피라미 몇 마리가 배를 뒤집었다.

순식간에 강 전체에 하얀 배들이 떠올랐다.
숨이 끊긴 채, 조용히 떠 있는 작은 생명들.
초록강이 울고 있었다.

"비상이다!!" 황금송어가 외쳤다.
"모든 물고기를 윗쪽 상류로 대피시켜!! 어서!!!"

아빠 산천어는 곧장 바비를 데리고 초록강 상류 쪽으로 헤엄쳤다.
"바비, 절대 숨 참지 말고 물길 따라와!"

"네! 근데, 아빠! 숨은 참지 말라니요…?"

"아니, 그러니까— 지금은 그런 말투가 중요한 게 아니야!!"
소용돌이 속에서도 바비의 농담은 살아 있었다.

그러나 그들의 뒤편, 강물 위엔, 이미 수많은 목숨이 흘러가고 있었다.

대왕잉어가 천천히 모습을 드러냈다.
그의 등에는 비가 내리고 있었다. 묵직한 눈빛이 강을 훑었다.

"이런 일… 이번이 처음은 아니야."

그의 목소리는 낮고 깊었다.

"몇 해 전 초록강 유람선 사고 기억나지? 그때도 기름이 흘러 수천 마리의 물고기들이 떼죽음을 당했어. 그때 우린 비상 구조대를 만들었지만…인간의 손은 또 이 강을 찢는구나."

황금송어가 고개를 떨궜다.

"이번엔 공장 폐수야. 밤마다 몰래 트럭이 와서 독극물을 흘려보내고 있대."

바비가 분노하며 외쳤다.

"그럼 인간들이… 일부러 강을 아프게 하는 거예요?"

대왕잉어는 천천히 고개를 끄덕였다.

"그래. 그들은 계산기를 두드리며, 생명의 무게를 숫자로 바꾸는 존재들이지."

그날 밤, 폭우는 여전히 내리고 있었다.

하늘도, 강도, 울고 있었다.

아빠 산천어는 바비를 품에 안았다.

“이 강을 지켜야 해. 이 물속에서 살아가는 친구들이 더 이상 죽게 해선 안 돼!”

바비는 조용히 고개를 들었다.
“그럼 우리도 싸워야겠네요.
물고기라도, 할 수 있는 게 있잖아요.”

황금송어가 미소를 지었다.
“그래, 바비. 강의 힘은 흐름에 있지. 물결 하나는 작아도, 함께 모이면 바위도 부술 수 있어.”

대왕잉어가 천천히 꼬리를 휘둘렀다.
“내가 길을 열겠다! 이제부터 초록강의 싸움이 시작된다!!”

그날 밤, 초록강의 물결은 붉게 물들었다.
하지만 그 속엔 포기하지 않는 생명의 빛도 섞여 있었다.

“물은 기억한다.
인간의 죄도, 생명의 의지도, 그리고 싸우려는 마음도.”

비가 내렸고,
작은 산천어의 눈빛은 별빛처럼 반짝였다.

제33화.

초록강 물고기 대이동 작전

장마가 남기고 간 건 단 하나였다.

혼란!

초록강은 여전히 흐르고 있었지만,

그 흐름엔 불안과 독기가 섞여 있었다.

그날 밤, 황금송어는 모든 물고기 앞에 섰다.

빛바랜 비늘이 달빛을 받아 반짝였다.

"이제부터 대이동 작전을 시작한다."

그의 목소리는 물살보다 깊고, 파도보다 단단했다.

황금송어는 초록강 지도를 꺼냈다.

물고기들은 웅성거렸다.
“지도라니… 저건 어떻게 만든 거지?”
“물풀로 만든 비밀문서래!”
“헉, 종이보다 신기해!”

황금송어는 꼬리로 강줄기를 짚었다.
“이곳—초록강 하류는 이미 오염됐다. 안전한 피난처는 초록강 상류의 ‘맑은 물 구역’뿐이야. 거기까지 가려면 강바닥에 숨은 비밀 통로를 이용해야 해.”

“근데, 그 통로가 좁다던데요?”
바비가 걱정스레 물었다.

“그래서 너 같은 빠른 녀석들이 앞장서야지.”
황금송어가 웃었다.

바비는 그 말에 꼬리를 살짝 말았다.
“아… 저요? 갑자기 주인공이 된 느낌인데요?”

작전이 시작되었다.

대왕잉어는 거대한 몸으로 길을 막으며 외쳤다.
"얘들아! 나를 따라와! 뒤에선 누치 형제가 받친다!"

대왕잉어가 꼬리로 거친 바위를 쳐냈다. "이 길, 안전하다! 천천히 와라!"

아빠 산천어는 돌 틈 사이를 비집고, 갇혀 있던 치어들을 구출했다.
"괜찮니? 이제 안전하단다."

바비는 그 옆에서 새끼 피라미들의 손을 꼭 잡았다.
"겁먹지 마! 내가 '초록강 수호대'잖아!"

피라미들이 동시에 물었다.
"그게 뭐예요?"
"…음, 이름은 멋있는데 아직 정의는 진행 중이야."

밤이 깊어질수록 강의 흐름이 거칠어졌다.
그때, 물 바닥이 진동했다.

'쿵… 쿵…!'

물살이 거꾸로 뒤집히는 듯했다.

바위들이 떨어지고, 통로가 막혔다.

"위험하다!"

누치 형제가 외쳤다.

황금송어가 번개처럼 앞으로 나섰다. "모두 아래쪽 굴 길로! 오른쪽 바위틈을 타!"

그녀의 지시 한마디에 수백 마리 물고기가 일사불란하게 움직였다.

마치 한 몸처럼 흘러갔다.

긴박한 구조가 끝나고,

새벽녘 초록강 상류에 고요가 찾아왔다.

새로운 물살, 맑은 공기, 그리고 살아남은 이들. 물고기들은 서로를 바라보며 안도의 미소를 지었다.

"우리가… 진짜 해냈다."

바비가 눈을 반짝였다.

"그래." 아빠 산천어가 미소 지었다.

"이 강의 생명들은 결코 약하지 않아."

그때, 누군가가 말했다.
"황금송어 님은요?"

모두가 고개를 돌렸다.
그녀의 모습이 보이지 않았다.

"곧 올 거야…."
그날, 초록강은 하나였다.
종도, 크기도, 색도 달랐지만, 모두가 같은 방향으로 헤엄쳤다.

"진짜 강의 주인은 힘이 아니라,
책임으로 살아가는 존재였다."

달빛은 물결 위에 내려앉아
그들의 승리를 축복했다.

제34화.

황금송어를 찾아라!

새벽.

초록강 상류의 물빛은 평소보다 이상할 정도로 맑았다.

하지만 그 고요는…

어딘가 불길했다.

아빠 신천어는 둥지 앞에서 주변은 살피며 속삭였다.

“이상하군. 황금송어가 밤새 돌아오지 않았어.”

“혹시… 길을 잃은 걸까요?”

바비의 목소리가 불안하게 떨렸다.

그때, 누치 형제가 물살을 가르며 다가왔다.

"큰일 났어요! 하류 쪽에서 황금빛 비늘 몇 개가 떠밀려 왔어요!"

바비는 숨을 삼켰다.

"그건… 설마!"

초록강 수호대 본부(큰 바위 뒤 회의 장소)는 난리가 났다.

대왕잉어는 꼬리로 강바닥을 '쿵쿵' 치며 외쳤다.

"다들 집중! 지금부터 '황금송어 수색 작전'을 실시한다!"

누치 동생이 손(지느러미)을 번쩍 들었다.

"대왕잉어 님, 혹시 잃어버린 건 비늘 한 조각만일 수도 있지 않나요? 저도 어제 미끄러져서 꼬리 비늘이 3장쯤 빠졌거든요?"

대왕잉어가 인상을 찌푸렸다.

"그건 네가 과식해서 그래."

웃음이 번졌다.

하지만 웃음 뒤엔 긴장감이 숨어 있었다.

아빠 산천어가 말했다.

"그녀가 마지막으로 향한 곳은 오염된 지점이었어. 남은 생명들을 구하러 갔지."

"그럼 거긴… '검은 입구' 근처잖아요."
황금송어가 사라졌던 그 어둡고 금지된 지역.
모두의 얼굴이 굳었다.

"좋아, 작전은 이렇게 나눈다." 대왕잉어가 나섰다.
"나는 참모들과 강 중앙을 맡고,
누치 형제는 좌측 수초 지대 탐색.
바비와 아빠 산천어는 하류 쪽 통로를 조사한다."

바비가 꼬리를 번쩍 들었다.
"좋아요! 저 수색 잘해요! 예전에 엄마 도시락도 강바닥에서 찾은 적 있어요!"

"그건 네가 훔친 거잖아."
아빠의 한마디에 모두 웃음을 터뜨렸다.

"자, 집중!" 대왕잉어가 단호하게 외쳤다.
"우린 가족을 찾는 거다. 그 어떤 물살도 멈추게 하지 마라."

하류로 내려갈수록 물빛이 탁해졌다.
강바닥은 진흙투성이, 공기엔 이상한 냄새가 배어 있었다.

바비가 코를 막았다.
"으악, 여긴 냄새가 아니라 '범죄' 수준이에요."

아빠 산천어는 입을 다물었다.
"조심해. 여긴 인간들이 버린 흔적이야."

그때,
멀리서 희미하게 빛나는 금빛 무언가가 보였다.

바비가 소리쳤다.
"저거예요! 황금송어 님 비늘이에요!"

둘이 급히 다가가자,
그 옆엔 검은 액체가 번들거리며 흘러나오고 있었다.

"폐수야! 여전히 흘러나오고 있어!"
아빠의 목소리가 낮게 떨렸다.

"그럼 황금송어 님은… 저 안으로 들어간 거예요?"

바비의 눈이 흔들렸다.

"돌아가자, 바비. 여긴 위험해!"

"싫어요. 아빠, 우리 그냥 두고 갈 수 없어요!" 바비는 눈물을 꾹 참으며 말했다.

"우린 초록강 수호대잖아요."

아빠는 잠시 말을 잃었다. 그리고 이내 고개를 끄덕였다.

"…좋아. 하지만 절대 혼자 앞서가면 안 된다."

그들은 검은 물길 속으로 천천히 들어갔다.

씩은 냄새, 차가운 물살, 그리고 저 멀리서 들려오는 낮은 울음소리.

"그 소리… 혹시…."

그때였다.

깊은 어둠 속에서 황금빛이 깐박였다.

"바비! …산천어!!"

황금송어였다.

상처투성이의 몸으로, 그녀는 마지막 치어 한 마리를 품에 안고 있었다.

"이 아이만큼은… 살리고 싶었어."

아빠 산천어가 달려가 그녀를 부축했다.

"이제 됐어. 내 손을 잡아."

황금송어는 힘겹게 웃었다.

"그래… 강은 흐르고… 생명은 다시 시작되는 법이지."

그녀의 눈빛 속엔
자신이 지켜온 모든 생명의 빛이 담겨 있었다.

그날 밤, 초록강은 조용했다.

바비는 황금송어의 옆에서 잠들었고, 아빠는 하늘을 바라보았다.

"강은 언제나 길을 잃은 자에게
다시 돌아올 길을 보여준다."

별빛은 초록강 위에서 부서졌고,
그 빛은 다시 강물 속으로 흘러들었다.

제35화.

황금송어의 숨겨둔 물빛 둥지

초록강 상류 깊은 곳.

낮은 수온, 맑은 유속, 햇살이 살짝 내려앉는 고요한 지류 끝자락에—

아무도 모르는 장소 하나가 있었다.

물풀들은 바람 대신 물결에 흔들렸고,

작은 자갈 틈 사이로 반짝이는 은빛 기포들이 피어올랐다.

그곳이 바로, 황금송어가 초록강으로 돌아와, 누구도 모르게 만들어 놓은 비밀의 장소.

"여긴… 강의 심장이지."
그녀는 그렇게 말했다.

바비는 주변을 두리번거리며 속삭였다.
"심장치고는 너무 예쁘잖아요… 심장이 이렇게 평화로울 수 있어요?"

황금송어는 웃음을 터뜨렸다.
"바비가 표현력이 많이 늘었다고 생각했는데, 감정선까지 남다르구나?"

바비는 머리를 긁적였다.
"죄송해요, 감정 많은 스타일이라서요…."

그곳은 오래전, 황금송어가 바다로 떠나기 전에 직접 만든 '물빛 둥지'였다.

그녀는 한때 산천어였고, 단 한 번의 겨울,
예언을 품고 강을 떠났다.

바다에서 수년을 보내며 온몸이 단단히 다져졌을 무렵—
다시 초록강으로 돌아왔다.

“언젠가 이 강이 기억을 잃더라도,
생명은 노래를 잊지 않게 하자.”

그리하여 초록강의 가장 안정적인 수온,
햇살과 그늘이 균형 잡힌 바위 아래,

수백 개의 알을 조심스레 낳았다.
시간이 흘러, 그 알 중 일부는 부화했다.

그럴 즈음, 산천어가 초록강에 와 있다는 반가운 소식을 전해 들은 황금송어는 단숨에 초록강 하구로 달려가 바비와 아빠 산천어를 만나, 지금에 이르게 된 것.

그곳에서 자란 아기 송어들은 이제 몸길이 4~5cm 남짓.
자갈 틈을 파고들며 노는 모습이 꼭 반짝이는 별 같았다.

바비는 눈을 크게 뜨고 탄성을 내뱉었다.
“우와아… 세상에, 저거 다 살아 움직이는 거예요? 진짜 생명이에요?!”

황금송어는 미소 지었다.
“그래. 저 아이들은 내가 초록강으로 돌아와 탄생시킨 새 생명들이란다."

"그럼… 저 아기 송어들, 전부 황금송어 님 새끼예요?"

"그래. 하지만 이제부턴 너의 동생들이기도 해."

바비는 허둥지둥하며 손사래 쳤다.

"엥, 제가요?! 전 형아 준비도 안 됐는데요!"

"그럼 지금부터 연습하렴."

황금송어가 미소 지으며 바비의 등을 살짝 쳤다.

"형아 연습이라니… 세상 제일 어려운 말이네요."

"그건 원래 아무도 준비되지 않은 자리야."

그녀의 말에 바비는 잠시 멈췄다.

그 눈빛 속엔 장난이 아닌 진심이 담겨 있었다.

그때였다.

바비의 가슴 속, 별조개가 은은히 빛나기 시작했다.

"어… 또 반짝인다!"

황금송어의 눈동자가 깊어졌다.

“마법사가 말했지. ‘강이 다시 노래하려면, 새 생명이 기억을 이어야 한다’고.

지금, 그 기억이 깨어나고 있는 거야.”

바비는 조개를 꺼내 물빛에 비춰 보았다.

별무늬가 잔잔히 움직이며 둥지 속 아기 송어들에게 닿았다.

그리고— 놀랍게도, 그 아이들이 동시에 고개를 들어 바비를 바라봤다.

“어… 저 아이들, 저를 쳐다봐요! 나를 알아보는 것 같아요!”

아기 송어 몇 마리가 ‘뿌르르르’ 기포를 내며 꼬리를 흔들었다.

황금송어는 조용히 말했다.

“이제 저 아이들은 바비, 네가 보살펴야 해.”

바비는 깜짝 놀라며 외쳤다.

“제가요?! 저 아직, 산천어 초급반이에요!”

“넌 이미 초록강에서 아픔과 상처를 극복했고, 많이 성장했어.”

"네가 이 정글 같은 초록강에서 살아남을 수 있었던 건, 아빠의 사랑과 희생, 그리고 초록강의 친구들이 있었듯이, 바비, 너도 이젠 네가 받은 사랑을 이 어린아이들에게 돌려줘야 할 시간이야…."

그 말에 바비는 한참을 조용히 있었다.
그의 눈동자에 물빛이 스며들었다.

그리고 아주 작은 목소리로 대답했다.
"…저, 황금송어 님의 말을 따를게요."

하지만 평화는 오래가지 않았다.
그날 밤, 바위틈 사이로 탁한 물살이 스며들기 시작했다.
냄새는 비릿했고, 거품이 잿빛이었다.

황금송어의 목소리가 단호하게 울렸다.
"오염된 물이 벌써 근처까지 왔어. 이젠 이곳도 안전하지 않아. 떠나야 해."

바비는 아기 송어들을 품 안에 감싸며 외쳤다.
"괜찮아요! 제가 다 지켜줄게요!"

누치 형이 뒤늦게 달려와서 놀라며 말했다.
"뭐야, 또 새 가족이 생겼어?! 바비, 가족계 확장 속도 미쳤다!"

"지금 장난칠 때 아니에요, 형! 진짜 위험하다고요!"
"그래도 이름은 지어야지. 가족 등록부터 하자고~"
"형!!!"
"알았어, 알았어! 농담이야. 자, 꼬리들 모여!"

별조개의 빛이 더욱 강하게 번졌다.
그 빛은 마치 길을 안내하듯 물살을 따라 이어졌다.

바비는 조개를 품에 안고 말했다.
"이젠 나 혼자 사는 게 아니야. 우리가 함께 가는 거야."

그 말과 함께, 바비는 아기 송어들을 이끌고 초록강 상류 위쪽으로 향했다.
물살은 거칠었지만, 그 눈빛만은 누구보다 단단했다.

"강은 다시 흐르고, 생명은 이어진다.
그리고 그 중심엔, 언제나 노래를 기억하는 자가 있다."

제36화.

초록강 물고기 회의

이른 아침, 초록강 어귀의 넓은 여울.
햇살이 물 위를 스치며 반짝였다.

"자, 자, 자! 모두 모여요!" 누치 형제가 나팔고기처럼 외쳤다.
"오늘은 진짜 회의래요! 그냥 수다회가 아니고!"
붕어들이 웅성거리며 자리를 잡았다.
"그럼 오늘 간식은 없다는 거네…."
"쉿, 지금 중요한 얘기한대잖아!"

강 한가운데, 황금송어와 아빠 산천어가 나란히 섰다.
물결이 잦아들며 모든 시선이 그들에게 향했다.

"오늘의 회의는 단순한 내용이 아닙니다."

황금송어의 목소리는 잔잔했지만 묘하게 울림이 있었다.

"우린 지금, 초록강의 운명을 결정해야 합니다."

그 한마디에 잉어들의 지느러미가 멈췄고, 쏘가리도 눈을 반짝였다.

심지어 뒤쪽에 숨어 있던 긴수염메기도,

'뭐야, 나도 들어도 되나?' 하며 고개를 내밀었다.

입 큰 붕어가 조심스럽게 물었다.

"근데… 우리가 뭘 할 수 있을까요?

인간들이 흘리는 그 검은 물, 멈추지도 않잖아요."

그때 메기가 코웃음을 쳤다.

"흠, 내가 움직인다고 강이 달라질까?"

황금송어가 천천히 고개를 들었다.

"강이 달라지지 않으면, 우리도 없어집니다."

순간, 물속이 조용해졌다.

물결조차 멈춘 듯했다.

그때 아빠 산천어가 나섰다.
“이 싸움은 누가 이기느냐의 문제가 아닙니다.
우리가 ‘살아남기 위해’ 해야 하는 싸움이에요.”

바비가 조용히 덧붙였다.
“그럼… 우리가 초록강의 ‘히어로물’ 찍는 거예요?”

붕어들이 키득 웃었고, 메기가 낮게 중얼거렸다.
“히어로물… 물고기 주제에 말장난은 기가 막히네.”

하지만 황금송어는 미소 지었다.
“그래, 히어로물. 그 말, 나쁘지 않군.”

잠시 침묵이 흐른 뒤— 잉어 무리가 앞으로 나섰다.
“우리도 함께하겠습니다.”
“우리 붕어 군단도 참여요!”
“쏘가리 부대도 합류!”
“메기… 어… 나도 한다.”

수백 개의 눈동자가 한 방향으로 빛났다.
물속이 반짝이며 흔들렸다.

그건 단순한 반사광이 아니라, '의지'라는 이름의 빛이었다.

황금송어가 마지막으로 말했다.
"좋아요. 그럼 오늘부터, 우린 초록강 수호 연맹으로 뭉칩니다."

누치 형제가 외쳤다.
"잠깐만요, 연맹 회비는 얼마예요?"
"그런 거 없어!"
"아, 무료 멤버십이군요. 좋습니다!"

모두 웃었다. 하지만 그 웃음 속에는 진심이 있었다.

이날 이후, 초록강의 물결은 달라졌다.
그 어떤 오염보다 강한 건, 바로 생명들의 '의지'였다.

그날, 초록강의 모든 생명은 깨달았다.
"작은 비늘 하나가 모이면 큰 파도를 바꿀 수도 있다."

초록강은 그들의 회의를 듣고 있었다.
물결은 천천히 흔들리며 대답했다.

"그래, 나도 너희와 함께 싸울게."

제37화.

초록강 물고기들이 인간들에게 편지를 보냈다

초록강의 물결 위로 아침 햇살이 비쳤다.
어제 밤늦게까지 회의를 하느라 다들 지쳐 있었지만,

황금송어의 말 한마디가 아직도 가슴을 울리고 있었다.
“이제 우리가 인간들에게 메시지를 전해야 할 때다.”

“좋아! 이제 중요한 건 전달 방식이야.”
아빠 산천어가 거들었다.

누치 형제가 꼬리를 탁 치며 외쳤다.
“우리가 편지를 써서 보내면 되잖아요!”

붕어가 고개를 갸웃했다.

"편지를 쓴다고? 우리는 손이 없잖아?"

메기가 끼어들었다.

"그럼 입으로 쓰면 되지. 입술 필체란 게 있잖아."

"그건 키스야."

쏘가리의 단호한 일침에 모두가 폭소를 터뜨렸다.

바비가 갑자기 외쳤다.

"아! 그럼 노래로 전하면 어때요?

인간들은 노래를 좋아하잖아요!"

황금송어의 눈이 번쩍였다.

"그래, 노래… 바로 그거야."

그날 밤, 초록강의 모든 물고기가 모였다.

대왕잉어는 북소리처럼 꼬리로 바위를 두드렸고,

붕어들은 입으로 "뻑뻑뻑~" 화음을 넣었다.

누치 형제는 고음 파트를 맡았다.

"우린~ 초록강의~ 물의~ 수호대!"

바비는 작곡가처럼 외쳤다.
"좋아요! 이제 코러스 부분, 다 같이요!"

물결이 출렁이며 합창이 시작됐다.
그 목소리는 강을 따라 흘러, 숲을 지나, 마을로 퍼져나갔다.

다음 날 아침, 강가에서 낚시를 하던 한 소년이 귀를 의심했다.
"엄마… 지금 물이 노래하는 것 같아요!"

소년의 엄마는 미소 지었다.
"그건 네 마음이 깨끗해서 그래."

하지만 소년은 그 말을 듣지 못했다.
물속에서 또렷이 들려온 목소리에 정신이 팔려 있었다.

"우리를 잊지 마요.
초록강이 아파요.
하지만 아직 늦지 않았어요."

소년은 급히 자신의 노트를 꺼냈다. 그리고 들은 대로 적었다.

"초록강의 물고기들이 인간에게 편지를 보냈다."

며칠 뒤, 그 노트가 SNS에 올라갔다.

《제목 : 물고기가 남긴 노래》
조회수는 순식간에 수백만을 넘겼다.
환경단체, 방송국, 학교, 심지어 시청까지 난리가 났다.

"초록강 생태조사 다시 해야 합니다!"

"물고기들이 노래를 했다고요? 그럼 우리도 들어야죠."

초록강 어귀엔 다시 맑은 물살이 흐르기 시작했다.
그날 밤, 황금송어는 조용히 물결 위를 바라봤다.

바비가 다가와 물었다.
"정말 인간들이 알아들을까요?"

황금송어가 미소 지었다.
"언젠가는. 진심은, 물처럼 돌아오니까."

바비는 눈을 반짝였다.

"그럼… 우리 노래, 진짜 성공한 거네요?"

누치 형제가 뒤에서 소리쳤다.

"초록강 차트 1위야!"

물속은 웃음으로 가득 찼다.

그날, 초록강은 세상에 편지를 보냈다.

글씨도, 손도, 우편함도 없었지만, 그들의 마음은 물결을 타고 인간의 가슴으로 흘러갔다.

"모든 생명은 연결되어 있다.

우리가 노래를 멈추지 않는 한, 초록강도 다시 빛날 것이다."

달빛이 강 위에 내려앉았다.

물결은 다시 노래했다.

"라~ 라~ 초록강은 살아 있다~"

제38화.

아빠 산천어의 초록강 연설

초록강의 아침은 유난히 잔잔했다.
그날은 평범한 회의가 아니었다.

"초록강 역사상 최초의 대토론회",
일명 '물고기 유엔 총회'가 열리는 날이었다.

누치 형제가 새벽부터 분주히 뛰어다녔다.
"자, 이쪽은 잉어 석, 저쪽은 메기 석!
뒤쪽은 붕어 석인데, 너무 떠들면 퇴장입니다!"

붕어가 꼬리를 흔들며 말했다.

"우리 보고 조용히 있으라니, 그럼 회의 분위기 누가 살려요?"

쏘가리가 웃었다.
"그러다 또, 입 큰 붕어 뉴스 나오겠다."

한바탕 소란 끝에,
대왕잉어가 등장하자 모든 물결이 순식간에 멎었다.

수중 대광장 중앙,
단상에 선 이는 다름 아닌 아빠 산천어였다.

그의 등은 작았지만,
그날따라 이상하게도 빛나 보였다.

뒤쪽으로는 황금송어, 누치 형제, 대왕잉어까지
한 줄로 도열해 있었다.

"친구들, 오늘은… 제 얘기를 좀 하겠습니다."
아빠 산천어의 목소리가 강을 타고 퍼졌다.

"제 고향은 강원도 화천의 깊은 계곡입니다."
그는 잠시 숨을 고르고 말을 이었다.

"거긴 물이 맑고, 바람이 노래합니다.

겨울이면 인간들이 우리를 만나러 오죠. 낚싯대와 구워 먹을 소금까지 들고요."

물고기들 사이에서 웃음이 터졌다.

메기가 중얼거렸다. "그래, 그놈들… 양념도 준비해 오더라."

아빠 산천어는 씩 웃었다.

"맞아요. 처음엔 우리도 무서웠습니다.

잡히면 끝이라고 생각했죠. 하지만 세상은 변하고 있어요."

그의 목소리는 점점 단단해졌다.

"이젠 우리를 먹으러 오는 사람들보다, 우리와 '사진을 찍으러' 오는 사람들이 더 많습니다.

아이들은 우리를 바라보며 '귀엽다'고 말하죠.

어른들은 다시 강물을 깨끗하게 하자고 다짐합니다."

"산천어 마을엔 새로운 바람이 불고 있습니다.

이젠 '잡는 축제'가 아니라, '함께 사는 축제'가 시작된 겁니다."

그 말에 붕어 무리가 웅성거렸다.

"진짜? 인간이 물고기를… 친구라고?"

황금송어가 조용히 고개를 끄덕였다.
"그래. 나도 인간 아이 손에서 풀려난 적이 있지."

누치 형제가 눈을 동그랗게 떴다.
"살아 있는 '방류 인증서'시네!"

아빠 산천어는 미소를 지었다.
"우린 인간의 먹잇감이 아니라,
그들과 친구가 될 수 있습니다."

그의 말이 끝나자,
대광장은 물결처럼 흔들렸다.

쏘가리가 먼저 지느러미를 들었다.
"우리도 그렇게 살고 싶습니다!"

붕어가 외쳤다.
"그래요! 우리도 인간이랑 셀카 한번 찍어보자!"

메기가 고개를 끄덕였다.

"단, 포즈는 내가 정한다."

순식간에 수중 광장은 박수와 환호, 물방울과 웃음으로 가득 찼다.

지느러미가 부딪히며 만드는 소리는 마치 물속의 박수 소리 같았다.

아빠 산천어가 마지막으로 말했다.

"우린 인간에게 잡혀도 미움으로 남지 않았습니다.
이제는 사랑으로 기억될 시간입니다."

"초록강도 변하고 있습니다.
여러분의 마음이 변하면, 세상도 변할 겁니다."

그 말에 대왕잉어가 고개를 숙였다.

"산천어여, 네가 이 강의 새 물결을 일으켰다."

그날 이후,
초록강의 물고기들은 서로 인사할 때, 이렇게 말했다고 한다.

"오늘도 인간처럼… 친구답게 살자."

그날 아빠 산천어의 연설은,
초록강의 물살보다 더 멀리 흘러갔다.

“누군가는 작은 물고기라고 부르겠지만,
그 물고기가 세상을 바꾸는 시작이 될 수도 있다.”

물속의 박수는 멈추지 않았다.
그리고 강 위로 떠오른 햇살이, 그의 무지갯빛 비늘에 부딪혀 반짝였다.

초록강, 다시 살아나는 희망의 강.

제39화.

달라진 초록강

초록강은 어전히 흐르고 있었다.
하지만 그날 이후, 강물은 조금 달라졌다.
빛이 한 톤 더 따뜻해졌고, 냄새는 더 맑아졌다.

누치 형제는 그것을 두고 매일 같이 다투었다.
"형, 봐 봐요! 이 강물 완전 반짝거리죠?"

"에이, 그건 네가 눈곱 안 닦아서 그래."
"진짜라니까요! 별조개가 남기고 간 빛이라구요!"
"그럼 넌 물고기 아니고 점쟁이겠지, 점쟁이!"

둘이 꼬리로 서로를 툭툭 치며 티격태격할 때,

물 위로 살짝 떠오른 금빛 파문이 '톡' 하고 두 녀석의 이마를 동시에 쳤다.

"으악! 뭐야 이거!"

"형… 나 지금 방금 등짝에 전율 느꼈어요.

별조개가 우리 싸우지 말라고 말린 거예요."

"…그건 맞다."

누치 형제는 그날 처음으로 싸움을 멈췄다.

그 대신 하늘을 향해 동시에 말했다.

"별조개 님, 사랑합니다!"

그때, 강바닥 깊은 곳에서

대왕잉어의 저음이 울려 퍼졌다.

"조용히들 해라, 젊은 것들아.

강의 흐름은 여전히 이어지고 있다."

그의 말에 강물 전체가 잔잔히 떨렸다.

그리고 모든 물고기가 자연스럽게 그 빛을 향해 머리를 숙였다.

"우리 초록강은 많이 변하고 있다."

대왕잉어는 낮고 굵은 목소리로 말했다.

"산천어 가족과 황금송어, 누치 형제들, 굴 사장, 모두가 도와준 덕분이야. 고마워."

순간, 바비가 조심스럽게 앞으로 나섰다.

"초록강 물결이… 확실히 달라졌어요?"

대왕잉어는 미소 지었다.

"그래. 네가 지금 헤엄치는 그 물살, 그게 바로 우리 모두의 마음이란다."

바비의 눈이 동그래졌다.

"그럼 제가 방금 물장구친 것도…?"

"응, 네가 그 위에 앉은 거야."

강물 어딘가에서, 살짝 금빛 반짝임이 일었다.

마치 "괜찮아, 귀여우니까 봐줄게." 하는 듯했다.

그날 이후, 초록강엔 기이한 현상이 생겼다.

바비가 웃으면 강물이 출렁이며 반짝였고,
누치 형제가 말썽을 부리면, 물풀 하나가 '퍽'하고 머리를 때렸다.

대왕잉어가 하품을 하면, 작은 물보라가 하늘로 별처럼 흩어졌다.

"이건 분명 별조개의 개입이야."
누치 형이 확신에 찬 표정으로 말했다.

"그럼 별조개 님이 우리를 다 지켜보고 있는 거네요?"
바비가 놀라 물었다.
"그렇지! 그러니까 이상한 말 절대 하면 안 돼!"
"…그럼 형은 조용히 좀 하세요."
"야, 바비, 너!"

또 한 번, 물풀 하나가 '퍽!'
이번엔 동시에 둘 다 맞았다.

그리고 그날 밤,
모든 물고기가 잠든 초록강 위로 조용한 금빛이 다시 한번 흘렀다.

달빛과 섞여 흐르는 그 빛 속에서 누군가의 목소리가 들리는 듯했다.

"괜찮아. 초록강은 살아났어."

"웃음을 잃지 마. 별조개의 부탁이야?"

바비는 잠결에 웃으며 중얼거렸다.

"네, 별조개 님. 저희, 웃으면서 지킬게요."

그날 이후 초록강은 변했다.

강물은 여전히 흘렀지만, 그 안에는 '사랑의 유머'가 깃들어 있었다.

물고기들은 이제 싸움보다 농담을 먼저 배웠고, 눈물보다 웃음을 먼저 흘렸다.

초록강은 그렇게,

다시 살아났다.

"사랑은 흐르는 거야.

하지만 유머는, 그 사랑이 길을 잃지 않게 지켜주는 등불이지."

제40화.

물고기와 인간의 대화

아침 햇살이 초록강 위에 내려앉았다.

물 위엔 미세한 안개가 피어올라, 마치 강이 하품이라도 하듯 은근히 숨을 쉬었다.

"형, 오늘 물살이 좀 이상하지 않아요?"

"응, 뭔가… 위에서 떨어지는 거 같아. 낚싯줄은 아니겠지?"

"에이, 설마요. 초록강 평화 조약 체결 이후로 낚시는 금지됐잖아요."

"그럼 저기 저 거대한 그림자는 뭐냐?"

바비가 고개를 들었다.

수면 위로 거대한 실루엣이 드리워졌다.

그건 사람의 그림자였다. 아주 작고, 어린 인간의 그림자.

"형, 사람이다…!"

"진짜네. 인간이라… 한동안 못 봤는데."

누치 형이 긴장하며 속삭였다.

"조심해. 저 녀석들, 가끔은 반짝이는 금속으로 유혹하고, 가끔은 사진기를 들고 다녀."

그때, 수면 위에서 '풍덩' 소리가 났다.

뭔가가 떨어졌다.

하얀 조약돌 같기도, 부서진 껍데기 같기도 했다.

바비가 살짝 다가갔다.

"이거… 빵조각이잖아요."

누치 형이 코끝을 킁킁댔다.

"음, 탄수화물 냄새. 위험하진 않겠지?"

"형, 진짜 먹을 생각이에요?"

"아니, 연구 목적이지. 과학이야, 과학."

그 순간—

위에서 들려온 목소리.

"물고기야, 안녕?"

바비는 깜짝 놀라 수면을 향해 고개를 들었다.

맑은 눈을 가진 한 여자아이가 있었다.

그녀는 발끝으로 바위를 딛고 강을 내려다보고 있었다.

햇살에 반짝이는 머리카락, 그리고 그 손엔 조심스레 뜯은 빵 조각이 있었다.

"너희 배고프지? 조금 줄게."

바비는 멍하니 그 말을 들었다.

인간의 말소리는 마치 거품이 터지는 듯했다.

의미는 흐릿했지만, 마음은 느껴졌다.

"형… 방금 들었어요?"

"뭐라고?"

"'안녕'이래요. 인간이 우리한테 인사를 했어요."

"거짓말. 인간은 보통 '맛있겠다'라고 하지."

"아니요, 진짜예요."

바비는 살짝 수면 위로 올랐다.

그의 비늘에 햇살이 닿자, 여자아이가 놀란 듯 숨을 멈췄다.

"와… 예쁘다…."

그녀가 조용히 중얼거렸다.
"너… 무지개 줄무늬 산천어 맞지?"

바비는 말할 수 없었다.
하지만 그의 꼬리 끝이 살짝 흔들렸다.
인간의 눈빛엔 욕심이 아니라 호기심과 따뜻함이 있었다.

그때, 누치 형이 뒤에서 속삭였다.
"야, 너무 가까이 가지 마. 인간 눈엔 반짝이는 건 다 보물로 보여."
"형, 이번엔 좀 달라요. 이건… 탐욕의 눈이 아니에요."

물살이 조용히 흔들렸다.
그 순간, 바비의 마음속에 오래된 예언이 스쳤다.

"언젠가 인간도 물의 말을 이해하게 되리라.
그때 세상은 다시 흘러갈 것이다."

바비는 천천히 수면 가까이 떠올라 입을 벌렸다.
그리고 아주 작은 목소리로 속삭였다.
"안녕… 인간 친구야."

물결이 살짝 흔들렸고, 거품이 일었다.
물속에서 들으면 그건 분명히 '안녕'이었지만,
물 밖의 아이는 그걸 '뽀글뽀글' 하는 소리로만 들었다.

아이는 웃었다.
"하하, 웃는 거 같아! 물고기가 나한테 인사했어!"
그녀는 기뻐서 물 위로 손을 흔들었다.
햇살이 그녀의 손끝에서 반짝였다.

그 빛이 바비의 눈동자에 닿았다.
그건 마치 인간과 물고기가 서로의 마음을 스치듯,
짧지만 진심으로 이어진 순간이었다.

잠시 후, 아이는 조용히 돌아섰다.
그녀의 발자국 소리가 멀어질 때,
바비는 강 속에서 조용히 속삭였다.
"다음엔 우리가 인간의 말을 배워야겠어요."

누치 형은 코웃음을 쳤다.
"그래서 뭐 하게? '초록강 인문학'이라도 열게?"
"그것도 괜찮죠. 첫 수업 제목은 《안녕에서 시작하는 사랑》."
"하… 넌 진짜 물고기 중에 제일 감성적이야."

“형은 현실적이잖아요. 그래서 우리, 밸런스가 맞아요.”

둘은 그렇게 웃으며 강물 속으로 천천히 사라졌다.

강물은 햇살을 머금고 잔잔히 반짝였다.

그 반짝임 속에서, 방금 지나간 ‘안녕’이 물결처럼 퍼져 나가고 있었다.

“말은 다르지만, 마음은 통했다.

물 위와 물 아래의 세상은 그렇게 처음 서로를 이해하기 시작했다.”

제41화.

흐름의 맹세 : 누치 형제의 결단

밤이었다.

초록강의 물결은 잔잔했고, 달빛은 수면 위에 은빛 길을 놓고 있었다.

그 길 위에 누치 형제가 나란히 떠 있었다.

"형, 우리… 진짜 떠나는 거예요?"

누치 동생이 물었다.

누치 형은 팔짱(지느러미짱)을 끼며 말했다.

"그래. 이제 산천어 가족이랑 상류로 간다. 초록강은 이제 조용하니까."

"근데 좀 이상하지 않아요? 여기가 우리 집이었잖아요. 물살도 익숙하고, 먹거리도 넉넉한데…."

"맞지. 근데 말이야, 고인 물은 썩는 법이야." 누치 형은 물결을 바라보며 늦게 웃었다.

"우리가 흘러야 강도 살아. 그래야 초록강도 우리를 기억하지."

그 말에 동생이 코를 벌름거렸다.

"형, 그 말 멋있네요. 누가 써줬어요?"

"내가 썼지."

"형이요? 진짜요? 근데 왜 가끔 바보처럼 굴어요?"

"바보처럼 굴어야 애들이 웃지. 누군가는 웃겨야 되거든."

"그럼 난 진지할게요."

"넌 원래 진지해서 재미없어."

"뭐라고요!?"

그들의 티격태격이 물속에서 '뻐끔뻐끔' 거품으로 올라왔다.

바비가 멀리서 웃으며 다가왔다.

"형들, 싸워요 또?"

"훈련 중이야." 누치 형이 말했다.

"무슨 훈련이요?"

"의견 충돌 수영법."

"그건 싸움 아닌가요?"

"싸움도 흘러야 관계가 유지돼."

바비는 미소 지었다.

"형들, 솔직히 고마워요.

아빠가 늘 그러셨어요. 누치 형제 덕분에 우리가 여기까지 왔다고요."

그 말에 누치 형이 멈췄다.

물결 사이에서 그의 눈빛이 잠시 흔들렸다.

"우리 덕분이라…."

그는 천천히 고개를 끄덕였다.

"바비야, 우리도 사실 초록강에서 싸움질만 하던 물고기였어.

근데 너희 덕분에 알았어. 강은 이기라고 있는 게 아니라, 같이 흘러가라고 있는 거라구."

바비는 잠시 말없이 형의 옆에 섰다.

그리고 고개를 끄덕였다. "그럼 약속해요. 앞으로도 계속 같이 흐르기로."

"좋지. 우리도 이제 산천어의 친구니까."

달빛이 그들의 비늘 위에 내려앉았다.
그때, 아빠 산천어가 멀리서 말했다.

"얘들아, 오늘이 초록강과의 마지막 밤이다.
흐름은 잊지 말고— 서로를 잊지 말자."

누치 형이 허공을 향해 외쳤다.
"좋아요! 초록강이여, 잘 있어라! 우리가 다시 돌아올 때까지, 썩지 말고 깨끗이 씻고 있어!"

"형, 그건 너무 명령조 아닌가요?"
"그래도 진심이잖아!"
"그건 그래요."

그들은 웃었다.
달빛이 강 위에 번지고, 물결이 천천히 흔들렸다.
그리고 그 속에서 누치 형제가 동시에 중얼거렸다.

"우린 싸움꾼이 아니라,
흐름을 지키는 물고기가 되겠다."

그날 밤, 초록강은 조용히 노래했다.

그들의 맹세가 물결에 스며들며, 멀리 산천어 마을을 향해 흘러가기 시작했다.

"강은 잊지 않는다.

웃음으로 흘렀던 물도, 눈물로 흘렀던 물도— 결국은 하나의 흐름으로 다시 만난다."

제42화.

강의 거울

바람 한 점 없이 고요한 새벽이었다.

초록강의 물결은 잔잔했고, 수면은 마치 세상을 비추는 한 장의 거울 같았다.

바비는 그 위로 천천히 떠올랐다.

"오늘은… 이상하게 내 얼굴이 낯설어 보여."

바비는 물속에 비친 자신의 눈을 들여다보았다.

비늘엔 여전히 초록빛이 남아 있었지만, 그 속엔 예전의 아기 산천어가 아니었다.

눈동자는 조금 더 깊어졌고, 지느러미는 거칠어졌으며, 마음은… 어쩐지 커져 있었다.

"야, 너 누구야?"

바비가 장난스럽게 말했다.

그러자 수면 속 '또 다른 바비'가 그대로 따라 말했다.

"야, 너 누구야?"

"똑같이 따라 하지 마!"

"똑같이 따라 하지 마!"

"…에휴, 내가 나를 이기긴 힘들겠다."

뒤에서 누치 형이 낄낄 웃었다.

"거울하고 싸우는 산천어라니, 전무후무하네."

"형, 진지한 순간에…."

"진지? 그건 맛있는 먹잇감이야?"

"아니요! 분위기 좀 느껴보라고요!"

"느끼는 건 물살이지. 난 늘 느끼고 있어."

바비는 피식 웃었다.

그러다 다시, 조용히 물 위로 시선을 돌렸다.

하늘과 강이 하나로 이어진 듯, 세상은 그저 '흐름'뿐이었다.

그때였다.

물속 어딘가에서, 아주 희미한 목소리가 들려왔다.

"흐름은, 거울이자 기억이란다…."

바비는 깜짝 놀라며 주변을 둘러봤다.

하지만 아무도 없었다. 누치 형은 여전히 졸린 눈으로 하품만 했다.

"방금… 누가 말한 것 같았어요."

"그래? 강이 그럴 수도 있지. 가끔 나한테도 '조용히 좀 해라' 고 하더라."

"형한테는 그럴 말 할 법하네요."

"응? 그게 칭찬이야?"

"글쎄요."

바비는 다시 물을 바라봤다. 그리고 알았다.

방금 그 목소리는 누가 한 게 아니라, 강 자체가 속삭인 말이었다는 걸.

그는 물속의 자신에게 작게 중얼거렸다.

“너는 물 위의 나고, 나는 물 아래의 너야. 우리 둘 다 흘러가지만, 서로를 잊지 말자.”

물결이 살짝 일렁이며 대답했다.

그 반짝임 속에서, 그는 어릴 적 폭우에 울부짖던 자신을 보았다.

그리고 지금의 자신은…

더 이상 그때의 아기 산천어가 아니었다.

“이제, 나는 나를 찾아가는 길 위에 있구나.”

바비가 미소 지었다.

그 순간, 하늘 위의 구름이 걷히며 햇살이 비쳤다.

물거울 속 바비의 얼굴이 환하게 빛났다.

누치 형이 눈을 찡그리며 말했다.

“야, 너 지금 약간 멋있어 보인다. 그 표정 오래 유지하지 마라. 나 질투 난다.”

바비는 폭소를 터뜨렸다.

“형, 멋있다는 말은 들을 때마다 새롭네요.”

“흥, 나도 한때는 물고기 잡지 표지 모델이었다고!”

“언제요?”

“꿈에서.”

둘의 웃음소리가 강 위로 퍼졌다.

그 웃음은 물결과 섞여 반짝이며 멀리 흘러갔다.

그날, 초록강은 거울처럼 모든 것을 비추고, 흐름처럼 모든 것을 기억하고 있었다.

“흐름은 사라지는 게 아니야. 단지, 자신을 비추는 또 하나의 거울을 찾아가는 거야.”

제43화.

황금송어와의 이별

초록강 상류, 깊고 잔잔한 물빛 둥지.

별들이 하늘에 가득 떠 있었고, 강 위에는 은빛 그림자가 출렁였다.

바비는 그 강가에 조용히 앉아 있었다.

곁에는 여전히 듬직한 황금송어, 그리고 품속에서 새근거리며 잠든 아기 송어들이 있었다.

“정말… 우리 헤어지는 거예요?”

바비가 낮은 목소리로 물었다.

황금송어는 잠시 아무 말이 없었다.

그러다 천천히 고개를 들어 별빛이 스민 강 위를 바라보았다.

"그래, 바비야.

이제 너희가 길을 이어가야 할 때야."

바비의 지느러미가 미세하게 떨렸다.

그의 표정엔 설렘과 슬픔이 한꺼번에 깃들어 있었다.

그때, 조그만 아기 송어 하나가 꾸벅꾸벅 졸더니, 눈을 비비며 중얼거렸다.

"우리… 엄마 없이 괜찮을까요…?"

그 말에 바비가 나섰다.

"괜찮지! 내가 있잖아! 형… 아니, 아빠 같은 존재야!"

다른 아기 송어가 살짝 고개를 갸웃했다.

"근데 형은 아직도 미역 냄새가 나는데요?"

바비는 깜짝 놀라며 외쳤다.

"그건… 초록강 향기야! 미역 아님!"

그 모습을 보던 황금송어는 웃음 섞인 한숨을 내쉬었다.

"하하, 그래도 이런 유쾌한 강물이 있어서 다행이야."

그녀는 작은 송어를 품에 안았다.

"괜찮단다. 너희는 내 일부야.

내가 살아온 바다의 기억, 그리고 이 강의 약속이 너희 안에 다 있어."

그때 아빠 산천어가 다가왔다.

그는 묵직하게 고개를 숙이며 말했다.

"정말… 고마웠어. 황금송어가 아니었다면, 우린 여기까지 못 왔을 거야."

황금송어는 살짝 미소 지으며 고개를 저었다.

"아니야. 나도 산천어 덕분에 잊고 있던 걸 떠올렸어. 고향이란 게, 단순히 물이 흐르는 곳이 아니라… 마음이 머무는 곳이라는 걸…."

잠시 후, 그녀의 시선이 바비에게 머물렀다.

"바비야."

그 부름에 바비는 자세를 바로잡았다.

“넌 이제 별조개의 주인이야. 그건 단지 마법의 도구가 아니라,

네 안에서 시작된 노래의 첫 음이기도 하지.”

바비는 말없이 고개를 끄덕였다.

그의 품속 별조개가 부드럽게 빛났다.

그 순간—

하늘의 별빛이 유난히 강하게 강 위를 타고 내려왔다.

황금송어의 비늘이 그 빛을 반사하며, 마치 살아 있는 황금의 물결처럼 일렁였다.

“별조개가… 반응하고 있어요….”

바비의 목소리가 떨렸다.

황금송어는 고개를 끄덕이며 말했다.

“그래. 언젠가 네가 불의 제단에 이르게 되면, 그 별조개가 문을 열 거야.”

“그때는… 강도, 나도, 그리고 마법사도—

네 안의 진실을 보게 될 거야.”

바비는 입술을 꾹 깨물었다.

“황금송어 님… 정말 감사했어요. 우리… 꼭 다시 만나요.”

황금송어의 눈가에 이슬방울이 맺혔다. 그녀는 부드럽게 미소 지으며 말했다.

“그래, 바비야. 강이 흐르는 한, 우리는 언젠가 다시 만나게 될 거야.”

그녀는 마지막으로 아기 송어 하나하나를 바라보았다.

“나는 이곳에 남아 초록강을 지킬 거야.

하지만 언젠가 물의 노래가 다시 들리면— 그땐, 내가 너희 곁으로 갈게.”

아기 송어들이 눈물을 훔치며 물결 속으로 다가왔다.

“엄마… 사랑해요.”

“나중에 다시 만나면… 꼭 고등어 잡으러 산천어 마을로 오세요!”

“얘들아, 우리 산천어야, 고등어 아니야!”

바비의 말에 아기 송어들이 깔깔 웃었다.

황금송어도 웃으며 말했다.

“괜찮아. 세상은 넓고, 물길은 이어지니까.”

별빛 아래,
강물은 천천히 흐르고 있었다.

그날 밤, 초록강은 아무 말도 하지 않았지만—
그 누구보다 많은 말을 품고 있었다.

그리고 멀리,
황금송어의 금빛 실루엣이 물결 속으로 천천히 사라져 갔다.

그 빛은 마치 바비의 마음속에서도,
조용히 파문처럼 번져나갔다.

"이별은 슬픔이 아니라,
다음 노래를 위한 숨 고르기였다."

제44화.

산천어 가족 초록강을 떠나다

초록강에서의 계절이 여러 번 바뀌었다.

봄, 여름, 가을, 겨울—

그리고 다시 봄.

그 시간 동안 바비는 이제 더 이상 '아기 산천어'가 아니었다.

어릴 땐 물살에 휩쓸려 "헙헙!" 하던 꼬마였지만, 이젠 물살이 비켜 갈 정도로 단단하고 의젓했다.

어느 날,

바람을 타고 스며든 맑은 물 냄새에 아빠 산천어가 잠시 움직임을 멈췄다.

"이건…."

그의 목소리가 떨렸다.

"이건… 고향이 부르는 냄새야."

바비는 눈을 동그랗게 떴다.

"고향 냄새요? 저한테는 약간… 미역 냄새 같은데요?"

아빠는 피식 웃으며 말했다.

"그건 네 코가 아직 초보라서 그래. 이건… 그리움의 냄새란다."

바비는 고개를 갸웃거리며 킁킁거렸다.

"…그리움은 약간 짭조름하네요?"

"그건 네가 배가 고파서 그런 거야."

그날 밤,

아빠 산천어는 수면 위로 올라와 달빛을 바라봤다.

물빛 너머로 아른거리는 산천어 마을의 기억들—

눈처럼 하얀 자갈밭, 엄마의 목소리, 바비의 첫 헤엄.

바비가 다가와 물었다.

"아빠… 산천어 마을이 그리운 거죠?"

아빠는 조용히 고개를 끄덕였다.
"그래. 이제 돌아가야 할 때가 된 것 같구나."

며칠 뒤,
아빠 산천어는 황금송어를 찾아 조용히 말했다.
"우리, 이제 산천어 마을로 돌아갈 시간이 다가온 것 같아."

황금송어는 잠시 눈을 감았다가 말했다.
"그래. 초록강도 이제 아이들이 살기엔… 너무 아파졌어."

바비는 잠시 말을 잃었다.
떠난다는 말은 언제 들어도 낯설었다.
마치 물결이 마음을 살짝 쓸고 지나가는 기분이었다.

출발 소식이 퍼지자 초록강은 작은 축제처럼 들썩였다.
마지막 인사를 전하려는 물고기들이 줄줄이 몰려왔다.

가장 먼저 나선 건—
물론 누치 형제였다.

바비와 아기 송어들이 둥지를 정리하고 있었고, 누치 형제는 옆에서 소리쳤다.

"야! 이삿짐 싸는 건 도와주는데, 짐 싸는 물고기 처음 본다!"

누치 형이 앞으로 나와 말했다.

"우린 산천어와 함께 간다."

바비는 눈을 동그랗게 떴다.

"정말요?! 진짜요?!"

누치 동생도 고개를 끄덕이며 말했다.

"산천어가 온 뒤로 초록강이 바뀌었어. 이제 우리가 네 고향을 구경할 차례야. 그리고 우리도 좀 '대모험' 같은 거 해보고 싶거든? 이제야 인생 좀 살맛 나네~"

아빠 산천어가 미소 지었다.

"하지만 초록강을 떠나면… 외롭지 않겠니?"

누치 형이 단호히 고개를 저었다.

"초록강이 살아 있는 한, 언제든 돌아올 수 있어요. 그 전에, 산천어 마을이 어떤 곳인지… 직접 눈으로 확인하고 싶어요."

그러더니 말을 이었다.

"우리가 초록강과 산천어 마을을 잇는 다리가 될 수도 있잖아요."

바비가 감동해서 눈시울을 붉히자, 동생 누치가 툭 쳤다

"야, 울면 우리 출발 전에 물 탁해진다."

"형, 진지한 분위기 좀 유지해요…."

"진지하면 재미없잖아~"

그때,

강바닥을 천천히 가르며 긴수염메기가 나타났다.

순간, 초록강 전체가 '쉿!' 하고 조용해졌다. 그의 그림자가 길게 늘어졌다.

바비는 숨을 삼켰다.

그는 과거 초록강의 악몽이었다.

그런데—

이번엔 달랐다.

그의 눈빛은 예전의 탐욕이 아닌, 묵직한 후회로 젖어 있었다.

"…바비야. 그땐… 미안했어. 너희를 공격하려 한 그날 이후,

내가 무슨 짓을 했는지 오랫동안 생각했지."

바비는 한참을 바라보다가, 조용히 고개를 끄덕였다.

"괜찮아요. 다 지난 일인데요, 뭘, 그리고… 덕분에 제가 좀 더 강해졌어요."

긴수염메기는 눈을 가늘게 감았다.

"고맙다. 나도 이제 다시, 깨끗한 강으로 돌아가고 싶다."

그러자 이번엔 깡붕파 삼총사가 등장했다.

물풀 사이에서 머뭇거리며 말없이 다가왔다.

"산천어… 우리도 좀 변했어."

"우리도 알았어. 힘으로 사는 게 전부가 아니라는 걸."

"네가 처음이었어. 우리가 미안하다고 말하게 만든 애가."

그중 막내가 슬쩍 웃으며 덧붙였다.

"근데 우리 진짜 착해졌지?

요즘엔 꼬마 물고기들 지나가면 '안녕?' 인사도 해."

바비가 웃음을 터뜨렸다.

"진짜요? 그건 혁명 수준인데요?"

그때, 늙은 참붕어가 천천히 앞으로 나왔다.
묵직한 몸짓으로 수초 한 묶음을 바비에게 내밀었다.

“이건 초록강의 수호잎이다.
이 잎을 가진 자는, 우리가 기억할 것이다.”

바비는 고개를 숙여 받았다.
“감사합니다. 절대 잊지 않을게요.”

붕어, 메기, 쏘가리, 피라미, 심지어 돌고기 할아버지까지—모두가 모였다.

“그래도 네가 없으면, 초록강이 좀 심심하겠구나.”
붕어 막내가 중얼거렸다.

메기가 팔을 꼬며 말했다.
“그럼 난 누구랑 입씨름하지?”

“입 닫는 연습부터 해요, 메기 아저씨.”
바비의 재치에 모두가 웃음을 터뜨렸다.

그때, 어디선가 굴 사장이 나타났다.

“야! 바비! 나중에 꼭 놀러 와라! 입장료는 반값으로 해줄게!”
“그 약속, 꼭 지켜야 해요!”

모두의 눈가가 젖어들고 있었다.

그리고 마지막으로,
대왕잉어가 느릿하게 헤엄쳐 와 말했다.

“초록강은 산천어 너희들로 인해 많이 변했다. 이 강은 너희를 기억할 것이다.
언젠가 다시 돌아온다면, 여긴 언제든 너의 물길이다.”

그 한마디에 초록강 전체가 고요해졌다.
마치 모든 물고기가 동시에 숨을 멈춘 듯.

떠나는 날 아침.
동쪽으로 향하는 물살이 부드럽게 흘렀다.

아빠 산천어와 바비, 아기 송어들, 그리고 누치 형제.
그들의 몸엔 아침 햇살이 번쩍였다.

초록강의 친구들이 물 위로 얼굴을 내밀었다.

깡패 물고기들은 작게 소리쳤다.

"야, 다음엔 초록강 2호점 만들러 와라~!"
"산천어 마을 오픈하면 초대 꼭 해!"

"야, 얘 또 울어!" 바비가 눈가를 훔치며 웃었다.
"울긴요… 물이 좀 튀었을 뿐이에요."

누치 형이 슬며시 말했다.
"그래, 물이 튀었겠지. 네 눈에서."

그날, 바비는 마지막으로 뒤돌아봤다.
초록강의 빛은 여전히 초록이었다.

그 위로 번진 아침 햇살은 따뜻했다.
그리고 속삭였다.

"고마워요, 초록강.
당신이 있었기에 제가 여기까지 올 수 있었어요."

그의 눈가엔
물빛보다 투명한 이슬 한 방울이 맺혀 있었다.

그건 슬픔의 눈물이 아니라—
감사의 물방울이었다.

“이별은 끝이 아니다.
다시 흐르기 위한 또 하나의 시작일 뿐이다.”

그리고 마침내,
산천어 가족은 초록강을 천천히 떠났다.

강을 거슬러 오르는 물살 위로, 작은 비늘들이 별빛처럼 반짝였다.

“아빠, 우리 다시 돌아올 수 있을까요?”
바비가 물었다.

아빠는 조용히 대답했다.
“강이 우리를 기억한다면, 언제든 돌아올 수 있단다.”

물결은 부드럽게 그들을 밀어주었다.
바비가 마지막으로 뒤돌아봤다.

초록강은 여전히 푸르고,

그 위에는 수많은 친구의 눈동자가 반짝이고 있었다.

"잘 가, 산천어 가족!"
"행운을 빌게!"
"물살이 너희 길을 지켜줄 거야!"

그날 새벽,
산천어 부자와 가족은 동쪽으로 흐르는 물길을 따라, 천천히 고향을 향해 헤엄쳐 나아갔다.
그들의 꼬리지느러미에서 일어난 물보라가 새벽 햇살을 머금고 무지갯빛으로 부서졌다.

그날, 초록강은 새로운 침묵에 잠겼다.
그러나 그건 슬픔의 침묵이 아니었다.

"이별이란, 다시 만날 수 있다는 믿음의 또 다른 이름."

바비의 작은 몸이 수평선 너머로 사라질 때, 강물은 조용히 속삭였다.

"그래, 나는 너희를 기억하마. 언제나."

제45화.

바비의 성장, 바비의 용기

바비는 초록강에서 제일 작은 아기 산천어였다.
꼬리는 짧고, 지느러미는 늘 덜덜 떨렸다.
물살이 조금만 거세져도, "아빠아아!!" 하며 뒤로 밀리곤 했다.

그랬던 바비가 어느새,
강물 속에서 한 마리의 진짜 물고기로 자라나고 있었다.

한때 바비는 거센 폭우에 휩쓸렸고,
깡패 붕어들에게 쫓기기도 했다.

하지만 그때마다 구해주는 이가 있었다.

"괜찮아, 바비. 아빠가 지켜줄게."

그 말은 바비의 마음속에서
'바위보다 단단한 약속'이 되어 있었다.

지느러미가 다쳐도, 물살이 거꾸로 흘러도,
바비는 아빠의 말을 떠올리며 다시 헤엄쳤다.

"자, 오늘은 수초 사이 숨기 훈련이다!"
누치 형제가 외쳤다.

바비는 잎사귀 사이로 몸을 숨기며 들숨과 날숨을 맞췄다.
"후우… 하… 후우… 하…."

하지만 꼬리가 자꾸 삐져나왔다.
붕어가 킥킥 웃었다.

"야, 꼬리 안 넣으면 적이 바로 본다!"

바비는 입을 삐죽였다.
"제 꼬리도 숨고 싶을 거예요!"

모두 웃었지만,

그날 이후 바비의 꼬리 움직임은 누구보다 빠르고 부드러워졌다.

독극물로 오염된 물살이 초록강을 덮쳤던 날, 바비는 친구들을 향해 외쳤다. "여기야! 이쪽으로 와! 물살이 약한 틈이 있어!" 작은 몸이었지만, 그 누구보다 재빠르게 움직이며, 치어들과 부상당한 친구들을 구했다.

그날 밤, 아빠가 조용히 말했다.

"이제 이 녀석, 진짜 강의 아이가 됐구나."

며칠이 지나, 바비는 아빠 앞에 섰다.

"아빠." 그 목소리는 예전보다 한층 낮고 단단했다.

"이제, 자신 있게 나도 헤엄칠 수 있어요. 더 이상 무섭지 않아요. 우리, 고향으로 가요."

아빠 산천어는 아무 말 없이 미소를 지었다. 그의 눈에는, '아기'가 아닌 '한 마리의 동료' 산천어가 서 있었다.

그날 밤, 초록강의 달빛이 바비의 비늘에 내려앉았다.

비늘은 더 단단했고, 지느러미는 더 날카로웠다.

하지만 무엇보다 빛난 건, 그의 용기였다.

"용기는 두려움이 없는 게 아니라, 두려움을 이기려는 마음이란다."

바비는 조용히 물살을 향해 몸을 기울였다.

작은 몸, 그러나 누구보다 큰 물길 속으로— 그는 헤엄쳤다.

눈물겹도록 푸르고, 힘찬, 작은 용기의 헤엄으로.

(2권에서 계속)